西南地区传统村落保护理论与方法丛书

川西北高原传统聚落空间结构与形态

赵炜 傅红 陈一 著

中国建筑工业出版社

图书在版编目（CIP）数据

川西北高原传统聚落空间结构与形态 / 赵炜，傅红，陈一著. —北京：中国建筑工业出版社，2024.3
（西南地区传统村落保护理论与方法丛书）
ISBN 978-7-112-29681-1

Ⅰ.①川… Ⅱ.①赵…②傅…③陈… Ⅲ.①高原—聚落地理—研究—四川 Ⅳ.①K927.1

中国国家版本馆CIP数据核字（2024）第057240号

基金项目：
国家自然科学基金面上项目"乡村人居环境的韧性空间结构理论与规划方法研究"（批准号51878558）；
国家社会科学基金项目"乡村振兴背景下岷江上游羌族传统村落数字化基础数据库及有机更新策略研究"（批准号：22XSH014）

责任编辑：唐　旭　吴　绫
文字编辑：孙　硕
书籍设计：锋尚设计
责任校对：王　烨

西南地区传统村落保护理论与方法丛书
川西北高原传统聚落空间结构与形态
赵炜　傅红　陈一　著

*

中国建筑工业出版社出版、发行（北京海淀三里河路9号）
各地新华书店、建筑书店经销
北京锋尚制版有限公司制版
北京中科印刷有限公司印刷

*

开本：787毫米×1092毫米　1/16　印张：12　字数：247千字
2024年3月第一版　2024年3月第一次印刷
定价：50.00元
ISBN 978-7-112-29681-1
（42265）

版权所有　翻印必究
如有内容及印装质量问题，请联系本社读者服务中心退换
电话：（010）58337283　　QQ：2885381756
（地址：北京海淀三里河路9号中国建筑工业出版社604室　邮政编码：100037）

"西南地区传统村落保护理论与方法丛书"编委会

主　编：余压芳　贵州大学建筑与城市规划学院

副主编：赵玉奇　贵州大学建筑与城市规划学院
　　　　王　希　贵州大学勘察设计研究院有限责任公司

编　委：田　聪　贵州大学城乡与建筑遗产保护研究中心
　　　　赵　炜　四川大学建筑与环境学院
　　　　张　桦　贵州大学建筑与城市规划学院
　　　　刘志安　云南省城乡规划设计研究院
　　　　王思成　贵州大学建筑与城市规划学院
　　　　吴　冲　贵州大学建筑与城市规划学院
　　　　傅　红　四川大学建筑与环境学院
　　　　陈　一　四川大学建筑与环境学院
　　　　王　艳　贵州大学建筑与城市规划学院
　　　　颜　丹　贵州卓城规划设计有限公司

总　序

　　传统村落指村落形成较早，拥有较丰富的文化与自然资源，具有一定历史、文化、科学、艺术、经济、社会价值，应予以保护的村落。传统村落中蕴藏着丰富的历史信息和文化景观，是中国农耕文明留下的最大遗产。本套丛书中西南地区特指我国的贵州省、云南省、四川省、重庆市、广西壮族自治区、西藏自治区等6个省、直辖市和自治区。

　　保护发展传统村落是我国新时期的重要举措，截至2024年3月，住房和城乡建设部等七部委共同发布了六批中国传统村落名单共8155个，国家民委等共发布了三批中国少数民族特色村寨名单共1652个，西南地区是入选全国的中国传统村落、少数民族特色村寨数量最多的地区，分别占全国总量的30.8%和32%，中国西南地区的传统村落所拥有的科技价值、美学价值、社会价值和生态价值在我国快速城市化发展阶段越来越凸显，然而，受这些村落所处的地理区位和历史原因的影响，村落本身在保护发展的过程中也长期面临着文化保护与产业发展的矛盾、基础设施滞后、防灾减灾能力弱、基础设施滞后等问题。

　　面对新技术的发展、城市化的进程、人口输出地区的观念变革等发展趋势，传统村落原有的自给自足的经济模式、自组织管理模式、自补偿生态模式都在被打破，如何在新技术适应和新观念发展过程中，对传统村落进行科学保护和发展引领，是本套丛书研究、编写和出版的初始动因。贵州大学城乡与建筑遗产保护研究中心依托长期以来对西南地区传统村落的课题研究积累，会同四川大学、桂林理工大学、云南省城乡规划设计研究院等单位的研究学者，对近年来的国家自然科学基金课题和省部级攻关课题等开展的相关研究工作成果进行系统整理，形成了"西南地区传统村落保护理论与方法丛书"。

　　丛书针对当前西南地区传统村落存在的突出问题，系统地提出了西南地区传统村落的文化内涵挖掘、聚落空间演变、火灾防控新技术等关键思路，结合已经在贵州、云南、四川、广西等地开展的案例分析和经验总结，为西南地区传统村落保护提供可借鉴、可实施的理论和方法。

　　"西南地区传统村落保护理论与方法丛书"编写过程中，始终坚持问题导向原则，尊重西南地区特殊的历史文化背景，聚焦文化保护与技术支撑的双线并重，考虑西南地区不同民族、不同文化背景传统村落的个性差异，将前期研究成果汇集整理和归纳总结，对于研究传统村落的研究人员具有一定的技术指导性，对于从事传统村落保护发展的政府和企事业工作人员，也有一定的实用参考价值。

　　本丛书历经多年的时间研究并整理出书，虽然经过了大量的调查研究和应用示范实践的检验，但是针对我国西南地区传统村落保护发展的现实与需求，还存在很多问题和不足，尚待未来的研究和实践工作中继续深化和提高，敬请读者批评指正。

余压芳
2024年3月

前 言

地域聚居文化是在适应环境的前提下形成的。川西北高原"四江并流,多河密布"的水系、丰富多样的地貌类型、脆弱的地质环境,以及多变的气象环境,孕育了多民族聚居格局下具备不同文化地理学意义的聚落。历史上,北方游牧文明和南方的农耕文明沿着"汉藏羌彝"走廊进行交流,不同聚居单元之间的聚落空间形态,很好地体现了"汉藏羌彝"民族走廊多元融合的文化特色,具有极高的学术研究价值。

本书重点关注川西北高原传统聚落空间结构与形态的在地性特征,以求对川西北高原地区传统聚居空间有较完整和理性的认识。主要内容以人类聚居学、形态类型学和地区建筑学为研究的理论基础,在融入川西北高原地区聚居形成、文化脉络和形态演变等认知基础上,归纳出川西北地区传统聚落空间在区域空间格局、城乡结构形态层面的特征规律,辅以典型案例和测绘资料,对传统聚落风貌营建特色进行深入解析。分析川西北高原传统聚落保护与发展存在的典型问题,研究在新技术、新需求背景下传统聚落重生的机遇和条件,指出针对性的保护举措。

川西北高原传统聚落具有多民族、多尺度的空间景观和形态特征,而茶马古道是川西北高原聚落空间格局得以不断演变终至相对稳固的基本骨架。川西北高原各种原因的移民、混居,沿迁徙路线形成了宗教庙宇、驿站兵站、集镇街市,逐渐构成小规模的聚落景观和农牧交错的区域景观。

从宏观层面来看,分布在岷江干流及其西侧最大支流黑水河、杂谷脑河相汇的茂县、汶川县和理县,均因其特殊重要的水系骨架区位条件,丰富的水土资源本底,以及由此衍生的陆路交通纵深扩展、区域横向经济联系,促使其成为川西北高原建设规模最大,也是"多带走廊式"脉络联系最为紧密的区域城乡空间聚居群。

在中观层面,将城乡空间结构形态与聚落点空间密度进行耦合分析,共识别出七种城乡空间结构类型,分别是低密度—镶嵌型、中密度—镶嵌型、低密度—串珠型、中密度—串珠型、中密度—树枝型、高密度—树枝型和高密度—绵延型。

微观层面,发现川西北高原的城镇空间结构形态大多以丘原平坝—圈层蔓延、山间平谷—带状增长、山间峡谷—轴向填充三种扩展形式为主,部分城镇空间结构会形成山原盆地—分散扩展、山坡台地—分散扩展、山坡台地—轴向填充的形式。具体到风貌而言,无论是甘孜州的康巴、木雅藏族村落,还是阿坝州嘉绒藏族或羌族老木卡寨村落的风貌,都是与其地理气候、生态环境、历史渊源、宗教信仰、生产方式、传统习俗与技艺传承密切相关的,对传统风貌的理解,也要放到总体的空间格局和建成环境之中。

李绪刚、刘蕊、杨铭、李渊和王超深在本书的写作中给予了很大的支持，包括提供素材、绘制图片乃至观点提出和文字贡献。此外，因为疫情的影响，本书的出版有所滞后，在出版社孙硕老师不断鼓励和大力帮助下，方能顺利出版。作者在此向他们致以深深的谢意。

作为余压芳老师主编丛书中的一册，本书受到国家自然科学基金面上项目"乡村人居环境的韧性空间结构理论与规划方法研究"和国家社会科学基金项目"乡村振兴背景下岷江上游羌族传统村落数字化基础数据库及有机更新策略研究"的共同资助，也是研究团队一段时期以来的调查研究、理论思考和经验总结进行整理集成的研究成果。成果的推出，只是工作的一个阶段小结，川西北高原人居环境面临的各项复杂问题，尚有待我们更加深入的探索。

目 录

总序

前言

第一章 宏观区域层面的聚居空间格局 … 1

第一节 区域聚落空间的形成基础 … 2
一、自然环境条件 … 2
二、聚居文化脉络 … 8

第二节 区域格局尺度下的人居空间特征 … 13
一、与流域水系耦合的聚居脉络 … 13
二、流域地貌环境下的聚居分布 … 14
三、山地垂直环境下的聚居特征 … 19

第二章 城乡结构层面的聚落空间形态 … 24

第一节 聚落结构类型的定性梳理认知 … 25
一、以地形地貌划分城乡景观要素类型 … 25
二、以生产方式划分城乡景观要素类型 … 29

第二节 城乡结构类型的定量耦合分析 … 35
一、空间聚居结构的耦合维度 … 35
二、空间聚居结构的区域分布 … 35
三、聚落空间结构的类型特点 … 36

第三节 城镇结构形态的生长演变规律 … 43
一、城镇形态扩展的典型模式 … 43

| | 二、城镇形态扩展的类型识别 | 44 |
| | 三、城镇形态扩展的类型特点 | 46 |

第三章　甘孜州典型传统聚落风貌　53

第一节　木雅藏族村寨聚落风貌　54
　　一、传统村落自然景观　54
　　二、传统村落物质文化景观　57

第二节　康巴藏族村寨聚落风貌　67
　　一、垂直分层的空间格局　69
　　二、"大聚合、小分散"的树枝状网络空间结构　70
　　三、山—城—田—水相融合的景观格局　70
　　四、香巴拉镇传统民居的选址与布局　72
　　五、传统民居平面形制特征　73
　　六、传统民居立面形制特征　77
　　七、传统民居内部空间功能与秩序　81

第四章　阿坝州典型传统聚落风貌　83

第一节　阿坝州杂谷脑河流域羌族传统聚落风貌　84
　　一、传统聚落选址及分布规律　84
　　二、传统聚落形态特征　87
　　三、传统聚落内部空间类型及分布　91
　　四、传统聚落民居类型　96

第二节　阿坝州羌族布瓦村寨聚落风貌　97
　　一、聚落概貌　97
　　二、聚落景观意象解析　98
　　三、传统民居特色　103

四、安全防御功能	110
第三节 阿坝州羌族老木卡寨聚落风貌	113
一、概况	113
二、空间格局	115
三、建筑群分析	117
四、特色总结	126
第四节 阿坝州嘉绒藏族村寨聚落风貌	127
一、村落的外部空间构成要素	128
二、村落自然山水环境	129
三、村落生产空间	137
四、村落空间序列	141
五、村落文化景观	143

第五章 川西北传统聚落的保护与发展　　151

第一节 传统聚落演化中的问题	152
一、农耕型传统聚落	152
二、旅游型传统聚落	153
三、混合型传统聚落	154
第二节 传统聚落消逝的机理	154
第三节 传统聚落的价值思辨	157
一、传统聚落价值体系	158
二、旅游活化主要问题	159
三、传统聚落的价值重塑	162
第四节 传统聚落重生的条件与机遇	163
一、丰富的原真性聚落资源	163
二、乡村振兴政策持续扶持	164

三、乡土度假旅游蓬勃发展　　165
　　四、运输网络支撑要素流动　　165
　　五、互联网弱化空间区位　　166
第五节　传统聚落保护的主要举措　　167
　　一、地方现代乡贤回归　　167
　　二、从"自鄙"到"自珍"　　168
　　三、社会精英关注与偏爱　　170
　　四、旅游开发收益转移机制　　171

参考文献　　**174**

后记　　**179**

第一章
宏观区域层面的聚居空间格局

第一节　区域聚落空间的形成基础

一、自然环境条件

1. 宏观自然地理区位

川西北高原是位于四川盆地与青藏高原之间的高原，位于四川省西北部的甘孜藏族自治州、阿坝藏族羌族自治州境内，为青藏高原的一部分（图1-1），中国五大牧区之一，四川省最大牧业基地，面积约16.6万km² [1]。

因其特殊的地理区位和地貌内外力作用过程，欧亚板块与印度洋板块在此强烈碰撞、挤压和隆起出本区高耸的海拔地势（平均海拔3000～4000m），近南北山川并列、极大起伏的地形变化，形成"四川夹三山"的总体山水格局，自北向南有金沙江、雅砻江、大渡河和岷江穿流而过，在天然河谷通道之间又有沙鲁里山脉、大雪山脉、邛崃山脉构成横断屏障，山峰海拔都在6000m以上（图1-2）。

区内可谓山峰争雄、江河切割、沟谷纵横，形成由平原向高原高山急剧扭转的地形过渡环境，是典型的高原与高山地貌类型。其总体特征为：北高南低、西高东低，呈阶梯状上升，构成了西南地区乃至青藏高原上最陡峭的地形变化梯度。

2. 地貌构成单元

"群山拔地而起，逶迤着向西而去，

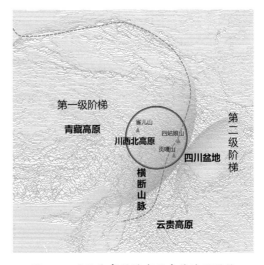

图1-1　川西北高原的宏观自然地理区位

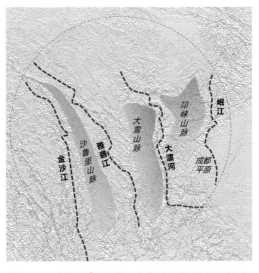

图1-2　川西北高原"四川夹三山"的山水格局

---

[1]《中国大百科全书》总编委会. 中国大百科全书第三版 [M]. 北京：中国大百科全书出版社，2021.

最终融入青藏高原的广袤与辽远当中"①，区内除西部近藏、北部近甘肃、青海的高原地区地势高差相对平缓外，其余隶属于横断山区的地貌环境可谓"起伏跌宕，紧弛有变"。区内地貌构成以高山峡谷、高山原和高平原三种形成的过渡关系与地貌类型为线索，阿坝州境内明显具有"西北—东南"走向的梯度分布特征，受横断山脉地质构造影响更深，甘孜州境内的地貌类型分布则更为交错混杂。不同地貌类型的空间特征梳理如图1-3所示。

高山峡谷地貌形成在典型横断山脉褶皱与奔流江河之上，巨大的岭谷抬升与河流切割造成众多深陷、狭长的谷地，地形最为封闭、逼仄，相对落差可达到1000~3000m。受这种特殊构造的影响，谷底至山顶的地貌形态差异明显，谷底多河漫滩、河流阶地与洪积扇地，山坡腰部多纵横冲沟与横切谷肩台地，山顶则发育有陡峭的草坡与冰川地貌②。该类地貌主要集中在西部金沙江东岸、中部雅砻江右岸与东部邛崃山—岷山之间，位于龙门山断裂褶皱带上的中山山地河谷区地形起伏相对较弱、河谷较为宽阔。

（a）高山峡谷地貌

（b）高山原地貌

（c）高平原地貌

图1-3　川西北高原的三种地貌类型

高原地貌主要分布于甘孜州西北部的石渠县、甘孜县、色达县，中部的理塘县、白玉县，以及阿坝州的阿坝县、红原县、若尔盖县。高原地貌又可细分为平坦高原与丘状高原，平坦高原地势起伏缓和，相对高差50~100m，堆积形成低洼的谷地、宽浅的盆地，

---

① 阿来. 大地的阶梯［M］. 成都：四川文艺出版社，2017.
② 柴宗新. 试论川西高原的形成［J］. 山地研究，1983（04）：22-30.

河湾曲滩迂回、沼泽水草丛生[①]，相对集中在石渠县、若尔盖县与理塘县。丘状高原上丘陵密集、外貌浑圆，丘间河谷较窄，一般小于100m，草甸丰茂、沼泽不多。靠近高山原地带的相对高差较大一些，处于150~200m，其余多小于100m。

高山原地貌则是高山山地与高原的过渡地貌类型。大致分布在阿坝州境内的"松潘燕元—若尔盖东南—黑水泽盖—理县米亚罗—马尔康松岗"沿线，呈半环状与西北部丘原融接；甘孜州境内的"雅砻江干流—牟尼茫起山"之间，呈椭圆状与四周高原、高山地貌过渡相接。该类型地貌表现为"山上有原"，高原面受陡深峡谷切割，谷地向上看似高山实则顶部是广谷平川，空间形态上山脊平缓、谷地开阔，形成相对高差800~1000m的河谷，一般沿河流向下游逐渐下切、过渡至高山峡谷区。

3. 流域与水文环境

"地者，万物之本原，诸生之根苑也，……水者，地之血气，如筋脉之通流也，故曰水具材也。"[②]流域自然水系流动的延续性特征是影响人居环境发展演化的主导因素之一。川西北高原位于长江流域与黄河流域上源地区，素有"高原水塔"之称。境内的主干水系延续了地貌褶皱南北走向的特点，形成了"四江并流，多河密布"的水系格局，不同的流域及其水文环境有同有异，现总结如下[③]：

发源于青海省三江源地区的金沙江上游（至云南省石鼓镇），在境内介于四川省与西藏自治区两地间奔流，河长约965km，落差1720m，平均坡降1.78‰，多年平均年径流量为424亿m³。本段的金沙江流域面积36129km²，流域区除上段（至德格县城）及支流河口处分布有洪积冲积锥而河谷稍宽外，其余不少河段为悬崖峭壁，一般宽度100~200m。因两岸分水岭之间范围狭窄，流域均宽约120km，支流不甚发育，包括松麦河、曾曲河、巴曲河等9条河流在内的多数支流呈现短小垂直状注入干流。

雅砻江是金沙江的最大一级支流，境内上游（至甘孜县城）和中游（至无量河口大河湾）河段全长987km，流域面积93510km²。沿途流域环境变化剧烈，上游段流经石渠高原，以草原浅丘地貌为主，径流补给以冰雪为主，支流呈羽状分布，切割微弱，水流散乱，河谷平缓，落差428m，平均比降1.72‰。中游河段流域均宽约175km，干流两岸的树枝状支流数量众多，以夏秋两季降水、融雪融冰补给为主，水量充沛稳定。连续穿行于深切峡谷区，流急滩险，总落差1734m，平均比降2.36‰，其中鲜水河口至无量河口288km

---

① 穆桂春. 若尔盖高原的自然概况与地貌发育[J]. 西南师范学院学报（自然科学版），1982（04）：42-46.
② 管子. 管子·水地[M]. 北京：华夏出版社，2000.
③ 四川省地方志编纂委员会. 四川省志·地理志（下册）[M]. 成都：成都地图出版社，1996.

的河段内，垂直落差就达1020m，平均比降3.18‰，是全江最陡的一段。

境内至泸定县得妥乡的大渡河河段属整个河道的上游，境内全长572km，流域面积52678km²。发源于青海省果洛山东南麓转南进入壤塘县与阿坝县，在绰斯甲河口以上的上游上段位于高海拔丘原，河谷宽阔，支流曲折，漫滩多育，浅切于高原面，包括绰斯甲河、革什扎河、东谷河的一级支流均自右岸汇入，呈不对称羽毛状，平均比降4.8‰。进入绰斯甲河口以下干旱河谷段后，河流下切、巨石梗阻、河谷深狭，至泸定县河口河谷逐渐展宽，河床比降6.7‰。上游河段水量充沛，以降水和季节性冰雪融水为河川流量来源，径流量年际变化不大、分配均匀。

岷江发源于阿坝州松潘县岷山隆起带西侧高原腹地，是成都平原最重要的水资源。主干道由北向南流经龙门山构造带，与黑水河、杂谷脑河、鱼溪三大主要支流交汇后，最终经都江堰汇入成都平原，境内上游全长326km，流域面积24059km²。上游上段（至叠溪镇）河道窄、坡降小、流速慢，支系呈羽毛状，水力侵蚀弱，以槽形河谷地貌塑造为主；下段（至都江堰）进入汶川县河口后，河谷逐渐展宽，谷内一般有两级阶地，河流湍急，比降达到7.8‰。上游河段水源以山地降水、冰川融雪为主，水位季节变化较大。

除上述四个主要江河水系外，流经阿坝州北部若尔盖草原的黑河、白河，属于黄河支流"姊妹河"，两河分水岭低矮，谷地洼地宽阔，存在同谷异水的流域景观，山地流域环境特征较弱。境内两河河道长155km，境内河床比降平缓，仅2.17‰，河道弯曲，两岸多沼泽、滩地，以高原草原湿地生境为主。

支系途经九寨沟县与若尔盖县东部的白龙江，属嘉陵江最大支系，境内属其上游，流域面积最小，仅9386km²，以降水为主要水源，水量充沛，境内河道仅百米宽，比降近1.1‰，河道穿行峡谷，为侵蚀下切河槽谷地。

4. 气候环境

川西北全境的气候属于高原山地型季风气候，大致呈现立体气候特征，在高海拔平原地区，气候干燥、气温寒冷，在高山原与高山峡谷地区则随着季节差异，呈现出冬干夏湿、冬寒夏暖、雨热同期的气候特点；伴随着从河谷到高山海拔的升高，呈"暖温带半干旱气候—温带半湿润气候—寒温带湿润气候—寒带气候—冻原气候"的垂直变化，可谓"一山有四季，十里不同天"[①]。

具体而言，在降水条件方面，由于地形变化大、地域辽阔，区内地区降水量很不均

---

① 胡继华，曾皓. 川西高原立体气候资源开发利用的初步分析[J]. 中国农业气象，2003（01）：55-58.

匀，年均雨水量大致呈现"东南—西北"的递减梯度特征。因海洋气流难以深入腹地，西南金沙江河谷的得荣、巴塘、乡城，西北部石渠高原、东北部若尔盖高原的降水量均不足500mm，蒸散量大，是区域内乃至四川省的"雨影地区"。

而在东部高山山地区，由于地形起伏、屏障作用，致使西南气流和东南气流抬升、滞留，形成全域自然降水最为充沛的"雨谷地区"，尤以"岷山山脉—邛崃山脉—大雪山脉"之间的河谷地带最为突出。与此同时，山地垂直降雨气候在这里表现得相对突出，多水区与少水区犬牙交错。受"焚风效应"影响，近河谷地带降雨量处在600~700mm之间，干旱少雨，而在高山上部尤其是海拔3500~4000m出现降水高值区，向上向下均呈现减少趋势。

在气温条件方面，西北部丘状高原区、金沙江上游上段河段流域年均温不足2.5℃，东北部丘原气候则相对温暖，均温在3.4℃~7.0℃之间，两区均为极寒高原地带。暖湿气流沿河谷风道从南至北进入川西北区域，处于金沙江、雅砻江、大渡河、岷江流域的高山山地区，则呈现河谷温暖、高山冷湿的垂直变化特点，在极高山的雪线以上，由于常年冰封，农牧生产和聚落生长极为困难，而位于区内金沙江、大渡河和岷江下段的河谷地区以及九寨沟县，均温达到10℃~15℃，微气候的人居适宜性明显，也是全域光照、积温条件最好的农业气候资源区。

5. 地质灾害

川西北高原地貌类型复杂，地质环境脆弱，褶皱断裂带发育，加上境内气候不稳定、季节性暴雨恶劣，地质灾害事件频频发生。考虑到川西北山区经济发展相对落后，经济模式的骤然转变、城市化的跨越式发展，使得区内城乡人居环境建设经验积累储备明显不足[1]：人多地少、可供建设用地稀少，高密度的人居建设空间往往都会往山上发展，包括修建公路、铁路、水利建设、劈山开矿、乱砍滥伐等人类工程经济活动，或引发、加剧灾情，或增加成灾频率，或延长灾害链，致灾性不断攀升……调查表明，该区地质灾害的发生频率占全省的90%以上，与人类工程活动相关的地质灾害约为统计总数的30%[2]，可以说其已经成为四川省乃至整个西南地区崩塌、滑坡、泥石流等山地灾害最为严重的地区之一（图1-4）。

虽然目前已采取了大量的防灾保护性规划与防护治理工程手段，但防不胜防的自然灾害，对川西北山区人民生命与财产的危害程度仍然很大。从2000~2018年川西北地质灾害统计表不难看到，除2008年经历汶川大地震后地质构造与次生灾害活动特别突出

---

[1] 赵万民，李云燕. 西南山地人居环境建设与防灾减灾的思考[J]. 新建筑，2008（04）：115-120.
[2] 段丽萍，郑万模，李明辉，等. 川西高原主要地质灾害特征及其影响因素浅析[J]. 沉积与特提斯地质，2005（04）：95-98.

外，2015～2018年造成的人口死亡数量总量（477人）、经济损失（354千万元）明显超过2000～2005年的平行数据项，从整体演变趋势来看，虽然地质灾害次数处于波动变化当中，但造成的人居环境破坏与损失大致呈现"逐渐上升"的态势，这些数据均提示我们要对"山地适灾性空间规划建设与研究"鸣起警钟（图1-5）。

（a）雅江县城高密度城镇建设　　　　（b）茂县椒元村山洪泥石流灾害

图1-4　川西北高原人居环境建设与地质灾害的矛盾
（来源：网络）

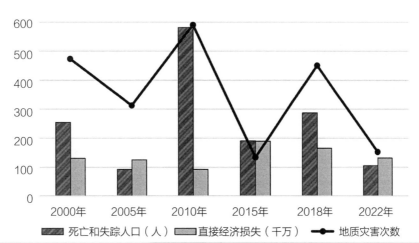

年份	2000年	2005年	2010年	2015年	2018年	2022年
地质灾害次数	473	312	590	133	450	152
死亡和失踪人口（人）	254	92	582	190	287	105
直接经济损失（千万）	130	125	92	189	165	132

图1-5　2000～2022年川西北高原地质灾害情况统计
（来源：根据《甘孜州、阿坝州统计年鉴》自绘）

通过"中国科学院、水利部成都山地灾害与环境研究所"提供的地质灾害点排查数据可以看到，目前已探明的各级地震断裂带209条，地质灾害隐患点4303个。川西北山地地质灾害在构造活动上（地壳运动和断层位移）包括锦屏山—木里断裂带、金河—菁河断裂带、小江断裂带、龙门山—三江口—虎跳峡断裂带、龙门山山前推覆带等，其中，沿鲜水河断裂带—安宁河断裂带—小江断裂带变现十分强烈，鲜水河断裂带滑走速率达到8~10mm/a，龙门山断裂带稍弱，越向南、向西活动性越强[①]。当差移运动带来一定的能量累积，将以地震形式释放出来构成次生地质灾害，在地理位置上，该区的崩塌、滑坡、泥石流和斜坡等灾害隐患点主要位于岷江上游及其支流杂谷脑河与黑水河、大渡河上游下段、雅砻江中游下段、金沙江上游下段、鲜水河、安宁河及其支流所在流域河谷地段的断裂影响带内。

二、聚居文化脉络

1. 宏观人文地理格局的过渡性区位

从社会历史条件视角来看，我国历代各民族围绕着华夏地域边陲，进行了大规模周转的人口征伐、迁徙与流动历程。地理学家胡焕庸经过多年研究，于1935年提出了著名的"胡焕庸线"，从黑龙江黑河至云南腾冲，大致呈45°倾斜的斜线，成为被广泛认同的中国人文地理格局分布的客观分异界线。川西北高原山区就处于这条分界带之上，东与四川盆地相接，西与甘青高原、青藏高原相连，两边有着截然不同的自然地理、历史文化、生产要素和人口分布特征（图1-6）。

在历史文化与生产要素方面具有结构性差异，它处于北方游牧文明和南方农耕文明的集合与过渡带上，西北部的丘状高原近黄河流域，维持着"人—畜—草"共利共生的半游牧半定居生存方式，东南部的山地河谷属长江流域，则是"春种夏管、秋收冬藏"

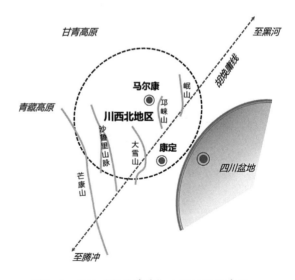

图1-6 位于"胡焕庸线"上的川西北高原

---

① 中国科学院成都地质矿产研究所. 青藏高原及邻区地质图1∶1500000 [M]. 北京：地质出版社，1988.

的山地农业聚居方式，在两种截然异质的文化与生产环境板块之间，川西北高原在恶劣卓绝的高原山区中创造出惊艳变化的人文空间景观。

2022年末，甘孜州常住人口110.3万人，阿坝州常住人口89.5万人，川西北高原区域人口密度约为8.36人/km²，其东南侧的四川盆地区域人口密度达500人/km²以上，人口集聚程度差异显著。

2. 藏羌彝走廊上的多民族聚居腹地

川西北高原北部为草原游牧区，南部为传统农耕区，包括金沙江流域、雅砻江流域、大渡河流域和岷江流域在内的河谷聚居区域呈南北走向，是历史上北方游牧民族沿"藏羌彝走廊"南下，与南方农耕民族发生长期接触、交流和融变的重要区域。

在先后经历黄河中上游远古氐羌民族南下、魏晋蜀人南迁彝化、唐代吐蕃向东与藏彝走廊北部"番化"、元朝蒙古族南下内化、明清时期木氏土司及彝族向北迁移、清朝中晚期汉人大量迁入六次民族迁徙与融合趋势后[①]，造就了川西北高原"以藏族为主体，羌彝汉回多民族共生"的民族地理分布格局（图1-7）。

其中，藏族广泛分布于各个流域，或择高原草原行纯牧业，或居高山河谷行牧农生产；羌族集中在境内岷江上游河谷下段的茂县、汶川县和理县地区，喜好高山之上聚居，

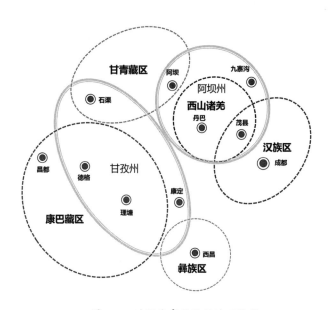

图1-7 川西北高原民族地理格局

---

① 石硕. 藏彝走廊历史上的民族流动 [J]. 民族研究，2014（01）：78-89+125.

以农业耕作为主；彝族则主要处在境内大渡河河口河谷与贡嘎山一带地区；汉族则与羌、彝族形成相邻区域的高度混合分布；回族相对稀少，集中在松潘县附近，总体具有多元异质、你中有我的民族聚居空间景观风貌。

由于高山河谷走廊的地理屏障作用，即使同属藏族民系，其内部也会因民族文化源流、语言支系、文化信仰、聚居空间地带和生产方式等因素的不同，产生民族聚居方式与文化异化的现象，包括北部安多草原藏族、东南部高山嘉绒藏族、中西部高山康巴藏族、东北部白马藏族，可谓是"五里不同音，十里不同俗"（图1-8）。

（a）德格县高山康巴藏族

（b）九龙县高山彝族

（e）茂县高山羌族

（c）阿坝县安多草原藏族

（d）丹巴县高山嘉绒藏族

图1-8　川西北多民族聚居空间风貌
（来源：a、c自摄；b、d、e网络）

3. 茶马古道对聚居功能的推动与联系

茶马古道始于唐代，持续至宋元明清，古代中原汉权深遭辽夏侵犯，连年征战，战马极需，而藏民则"食肉饮酪，故贵茶""其所嗜唯茶，而乏茶"，早期茶商驼队以"实现茶马互市，汉藏经济互补"为通行目的，"掌榷茶之利，以佐邦用；凡市马于四夷，率以茶易之"[①]，明朝成化六年（1470年）西藏僧俗官员入贡后，逐渐发展为汉藏物资贸易商道、文化传播贡道和军队征伐官道等的综合性通道，《明英宗实录》载："市买私茶等货，以此缘（沿）途多用船车、人力运送，连年累月，络绎道路"，足见其运输之繁盛。一条主线路是"川青道"，东起成都府，西北抵甘青藏区，进入灌县后分为"松茂西道"（灌

---

① 脱脱. 宋史［M］. 北京：中华书局，1977.

县—松潘卫—红原（若尔盖）—甘南）和灌阿西道（灌县—杂谷脑镇—马尔康—阿坝—青海班佑）。另一条主线路是常言的"唐蕃古道"，起点是雅安一带产茶区，分小路茶、大路茶进入打箭炉（康定州府）后，再分为南、北两条支线：北线自康定向北，经道孚、炉霍、甘孜、德格、江达，抵达昌都（即今川藏公路的北线），再由昌都通往卫藏地区；南线则是从康定向南，经雅江、理塘、巴塘、芒康、左贡至昌都（即今川藏公路的南线），再由昌都通向卫藏地区。

可以说，茶马古道沟通汉藏民族经济与文化联系的功能一直持续到民国末，在1949年西康省和平解放，注入中央的统一行政编制的时间节点之前，即在真正意义上步入现代人居环境建设与发展阶段之前，茶马古道才算是川西北高原的多民族空间聚居取得实质性兴起和发展的依附骨架，主要表现在以下两点：

（1）人口流变对农业生产方式的影响

从世界文化传播史来看，战争无疑是推动文化传播的有力途径。"移民开垦，裹粮种出关者数以万计"[①]，尤其是经历清朝沿东西向川藏线的大规模势力征伐、屯兵驻守、汉人迁入和改土归流的移民浪潮之后，以岷江上游下段河口河谷（汶川县、理县和茂县）和大渡河中游河口河谷（泸定县、康定市）为重要传递口岸，先后两次民族聚居人口结构的空间嬗变，虽规模较小，但足以使得汉族的农耕生产文化在川西北藏区扮演了举足轻重的角色[②]，催生了区域与四川盆地接壤的东部、南部高山地带形成了大量的民族聚居混合单元与农牧景观交错区域。

（2）沿途功能集聚对城镇聚居空间的发展

茶马古道其崎岖险峻和通行之艰难为世所罕见，如任乃强先生在《康藏史地大纲》中所言："康藏高原，兀立亚洲中部，宛如砥石在地，四围悬绝……复以遂流绝峡窜乱其间，随处皆成断崖促壁……各项新式交通工具与镇寨聚居，在此概难展施。"[③]

但数千年古代中原与边疆的"茶马互市"经营，"设兵戍守其地，番汉咸集，交相贸易，称为闹市焉"[④]，中央政府安扎的驿站、兵站，以及沿线宗教庙宇的兴建，依附古道命脉形成了最早一批小而分散的集镇，成就了"于绝险之境施展，立市镇兴业"的小规模聚居景观（图1-9）。

民国时期，川西北内部的定期集市从邻近内陆的东南地区向西北部地区递减。在甘孜州，东南部如泸定最近内地，集市最为密集，"藏商在康定互市者百余家"，其他县、乡

---

① 陈重为. 西康问题［M］. 上海：上海中华书局，1930.
② 贡布多加. 茶马古道商贸活动与民族文化交流研究［J］. 四川民族学院学报，2018，27（01）：1-7.
③ 任乃强. 康藏史地大纲［M］. 拉萨：西藏藏文古籍出版社，2000.
④ 吴丰培. 川藏游踪汇编［M］. 成都：四川民族出版社，1985.

(a) 现存松茂茶马古道入口　　　　(b) 清末茶马古道背夫

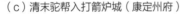

(c) 清末驼帮入打箭炉城（康定州府）　　(d) 峭壁上的茶马古道汶川—理县段

图1-9　川藏茶马古道历史场景与遗迹
（来源：a、d网络；b、c杨绍淮. 川藏茶马古道，2006）

等区域小集市则继续在交通干线沿线，尤其是沿途汉人聚居地和宗寺附近甚兴集市。在阿坝州的松茂古道上，除定期小集市外，包括威州、三江、漩口、尹秀、龙溪等常驻集市，至中华人民共和国成立初，仅汶川全县就有私商319户，20个行业因此而聚[①]。

至清代茶叶输藏规模及汉藏茶道的开拓和长足发展，区域内绝大多数颇具规模的城镇，均是茶马古道上以商贸和边戍作为功能雏形发育而来，如扼"唐蕃古道"之咽喉的地区首府康定，承接松茂古道源点商贸集散功能的松潘卫城，"人渐稠密，商贾辐辏，为西陲一大都会"[②]，均是其中功能运转与区域联系之轴承。毫不夸张地说，如果将这些城镇按照行政所管辖范围的大小，从市到县到镇或者乡，分为一级、二级、三级不同等级的交通节点，连起来就是一张巨大的茶马古道网。

---

① 张保见. 民国时期（1912~1949）川西北商业及城镇的发展与布局述论［J］. 湖北民族学院学报（哲学社会科学版），2011，29（03）：75-82.
② 马德隆，等. 松潘县志［M］. 北京：民族出版社，1999.

第二节　区域格局尺度下的人居空间特征

一、与流域水系耦合的聚居脉络

从人类聚居形态的形成与演变角度讲，由于流域的河道提供了充足的水源，流域水力作用下堆积与冲积形成的河岸提供了丰富的土地资源，成为早期人类赖以生存和必需的物质，也构成人类定居和聚居生产的主要源力。这时期的聚居形态大多受制于自然营力和聚居文化的作用，基本以小规模、相对紧凑、布局严谨的点状生长模式为主[①]。

虽然川西北高原传统的人水关系不断发生着变化，产生了不同于原始自然聚居形态的现代规划调控与建设干预，但这时期的区域城乡格局脉络生长，仍然无法完全脱离流域水系的强线索导向。

流域自然空间结构是由干流和不同级别的支流构成的自组织树形结构，从形态学研究视角看，水系的类型包括树枝状、格子状、平行梳状、辐射状和放射状等，在川西北高原，梳状和树枝状是水系普遍发育的两种类型：前者大多孕育在海拔地势较高的高平原江河上源地区，支流数量少而细长，呈平行钝角与干流相交；后者则相对更为常见，出现在中下游坡陡谷深的山谷地区，支流密集分叉、曲折变化，呈锐角相交。局部地区会由于分水岭与河谷走向出现的"L"形或"C"形急剧转折，出现格子状结构形态发育（图1-10）。

在干流和支流、支流和支流汇合的地方构成树状结构的关键点，称作结节点。结节点等级和交汇河流直接相关，一般而言，河流等级越高、结节数量越多的地区，在流域聚居系

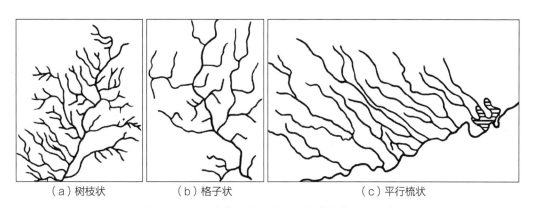

（a）树枝状　　　（b）格子状　　　（c）平行梳状

图1-10　川西北高原的主要流域水系结构形态发育
（来源：刘明光《中国自然地理图集》，2010）

---

① 周学红. 嘉陵江流域人居环境建设研究［D］. 重庆：重庆大学，2012.

统中越是发挥着不可替代的功能效用，对区域环境与形态塑造的影响力越大[①]。这种规律在川西北中下游流域地区的呈现较为典型突出，如分布在大渡河干流与其支流小金川河、革什扎河、牦牛河四江交汇处的丹巴县，虽然本身城镇建设用地规模只有56.86hm²，位列31个市县的第20位，但却是大渡河流域中地位极其鲜明、突出的区域性指状放射发展腹地。

分布在岷江干流及其西侧最大支流黑水河、杂谷脑河相汇的茂县、汶川县和理县，均因其特殊而重要的水系骨架区位条件、丰富的水土资源本底，以及由此衍生的陆路交通纵深扩展、区域横向经济联系，促使其成为川西北高原建设规模最大，也是"多带走廊式"脉络联系最为紧密的区域城乡空间聚居群（图1-11）。

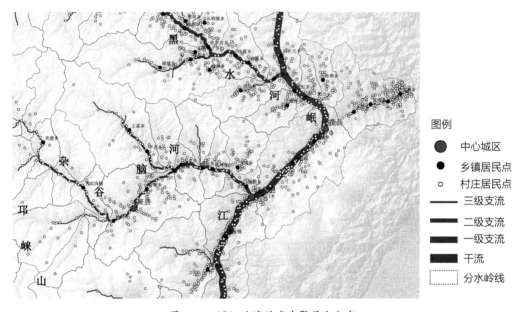

图1-11 岷江流域的城乡聚居点分布

二、流域地貌环境下的聚居分布

流域和山地在空间上有重叠的部分，大的流域包含若干山地，小的流域包含在某一个山地内部，这种现象是我们对川西北高原自然环境地理系统形成的抽象认知结构[②]。但流域作为一种由"河道+坡面"所构成的实体地理环境单元，与附着其上的空间聚居系统一起，必然存在着特定的、耦合性的地域空间分异特征。

---

① 陆中臣，等. 流域地貌系统［M］. 大连：大连出版社，1991.
② 王铮，夏海斌，吴静，等. 普通地理学［M］. 北京：科学出版社，2010.

从宏观格局层面而言，流域内的水文作用所形成的物质能量运动过程（包括蒸发、降雨、冲刷、运输、侵蚀和沉积），在从流域干流河道的分水岭向下游河口的纵向环境变化上，塑造了地形地貌内诸多自然地理因素的空间分异现象，对人类流域的早期聚居形成与发育有着比较明显的限制和诱导作用。笔者选取一些最为重要的影响因子分析如表1-1所示。

流域环境地形地貌因子对聚居空间的影响　　　　表1-1

流域地貌因子	对聚居分布的影响特征
绝对海拔	海拔越高，气温降低，风力增强，水蒸气散比越大，植被难以生存，不利于聚居
相对高度	河谷深切地带中的相对地势较高处，虽不近水，但光照充足，利于生产和聚居
河谷形态	河谷相对高差越大，地形越为起伏，不便于交通组织与开发利用，不利于聚居
河流堆积	河谷开阔，水流柔缓、曲折，河流侵蚀作用小，堆积作用强，形成的洪积扇、阶地和平坝发育之处，利于立地建设和定居生存
土壤性质	土壤肥力基质淤积，水土保持越佳，越利于作物生产和生活聚居

众所周知，河谷景观发育程度与流域梯度变化具有一致性，地形地貌环境会随着河道的坡降、水量和水流特性的不同发生变化。一般上游河道落差大、下切作用强烈，易形成"V"形河谷，发育程度低、不易于河谷聚居；中游河道落差降低，流速放缓，下蚀减弱、侧蚀加强，部分堆积作用塑造了沿岸的凸岸阶地或洪积扇，形成连续的河湾，发育相对成熟，可以"随形就势"落脚一些滨河聚居空间；下游河道开阔，地势平坦、水量大而流速小，从上游搬运的冲刷土壤在此大量沉积形成槽型谷地，发育最为完善成熟，易形成和发展大规模的农业种植和居民点。

但在川西北高原上述梯度规律并非尽然符合，同时存在着类似特点和不同寻常之处，为深入分析川西北山地型流域梯度结构变化下的聚居分布特征，笔者选取包括境内的岷江流域、大渡河流域、雅砻江流域和金沙江流域在内的相关特征最为典型、幅员面积最广的四个流域地区，结合地形图分析和聚落斑块规模统计进行如下分析：

（1）岷江流域的梯度聚居特征

与前述"流域地貌—聚居分布"的一般规律不同的是，岷江流域在上游河段形成了一定的聚居规模，而在中游却明显"人迹罕至"，这是该地独特的区域河谷地貌形态差异所决定的[①]（图1-12）：

[①] 张岳桥，杨农，孟晖. 岷江上游深切河谷及其对川西高原隆升的响应[J]. 成都理工大学学报（自然科学版），2005（04）：331-339.

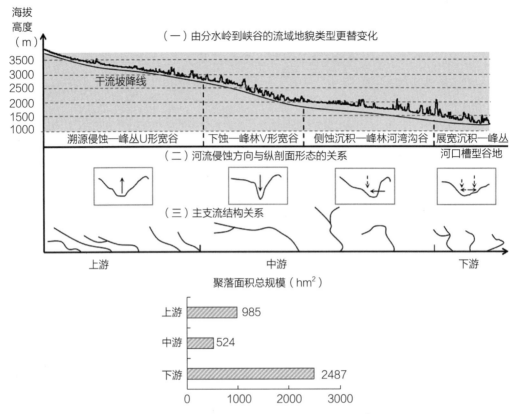

图1-12 岷江流域的地貌梯级结构与聚居规模分布

①岷江各大河及其一、二级支流具有上游坡降小、流速缓的特征,从松潘高原面发源的岷江上游河道(川主寺镇—岷江乡)是阿坝州西北部的隆升高平原至东南部绵延高山峡谷的地形断层过渡区,地势相对平坦,地形下切深度相对较小(300~600m),并沉积发育有断续和连续发育的阶地构成"U"形宽谷,成为滨河聚居的有利场所。

②进入中游段(叠溪镇—沟口乡)后,地质构造演化使沉积河谷强烈变形和抬升,形成地势陡坎,各河普遍在中游形成峡谷和嶂谷,切割最大深度达到2000m。

(2)大渡河流域的梯度聚居特征

大渡河从"上游—中游—下游"的河谷地貌形态表现为"V形深谷—河湾沟谷—河口槽谷"的分段特征,聚居规模分布呈现"低—中—高"的梯度递增变化特征,较为符合前述"流域地貌—聚居分布"一般性耦合规律,在此不作赘述(图1-13)。

(3)雅砻江流域的梯度聚居特征

横向比较而言,川西北境内的雅砻江流域从上游石渠高原(全境最高的平均海拔

第一章 宏观区域层面的聚居空间格局 | 17

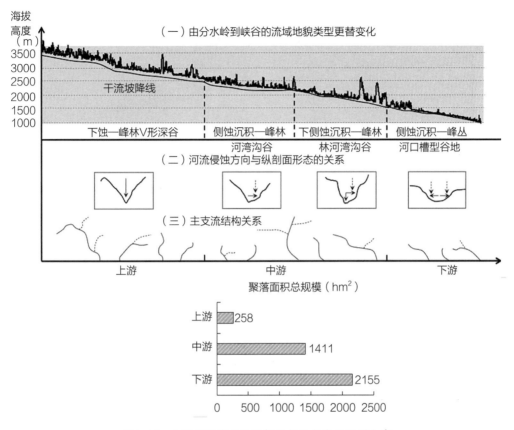

图1-13 大渡河流域的地貌梯级结构与聚居规模分布

4200m)注入下游河谷,主干河段跨度为全境最长达到836km,流域区域内地质构造抬升、剥蚀活动最为复杂,因此流域不同河段内的地貌类型也最为多样[①]。依次是"上游(高原盆坝)—中游(槽型冲积谷地—河湾沟谷)—下游('V'形深谷)",可以说与一般的流域梯度地貌类型分布相去甚远。

这样的反常性特征,决定了这一带较大规模的聚居都主要出现在雅砻江主支流的上中游地段,而不是分布在下游两河交汇的河谷地段。因为上中游具有相对平坦的地势、较为集中的河谷多级阶地,而在雅砻江干流与其一级支流鲜水河在雅江县城汇合后的下游地段,基本是坡降增大、流速极快、岭谷高差悬殊的峰林深切谷地,因此不易形成有规模的滨河聚居分布(图1-14)。

---

① 杨勇. 长江上游及雅砻江徒步考察概况[J]. 四川环境,1992(03):1-4.

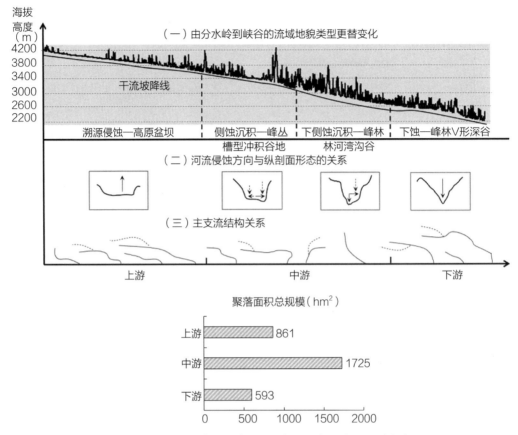

图1-14 雅砻江流域的地貌梯级结构与聚居规模分布

（4）金沙江流域的梯度聚居特征

金沙江流域内的聚居规模分布特点，表面呈现出与"流域梯度聚居分布"一般规律相一致的递增特征，但实际上其形成原因却明显与之不同（图1-15）：

从甘青高原地区发源的金沙江在流入境内后，位于断裂带上的主支流上游地区谷地切割较浅，河谷较宽，发育有多级阶地，理应成为大容量聚居的首选之地，然而区内由于平均海拔过高（>3500m）、气候苦寒、风力较强、水文蒸散强烈，不易定居生存，区内只有小规模居民点分布在河谷下方阶地。

进入中下游，河流深切、山川陡窄，形成典型的"横断"地貌[①]，多数河谷地区局部分布零星阶地，河谷上部的大量谷肩虽不近水，但光热条件优厚，常常是本区村落和农田所在，聚居规模有所上升。

---

① 李炳元. 横断山区地貌区划[J]. 山地研究，1989（01）：13-20.

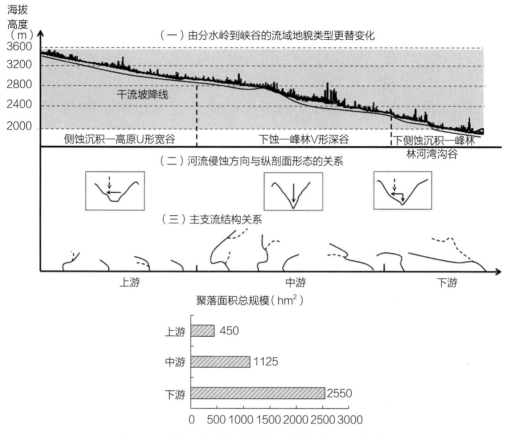

图1-15 金沙江流域的地貌梯级结构与聚居规模分布

尤其是干流进入巴塘县城以南的下游地区后,河段走向受到构造影响曲折多变,发源于沙鲁里北高原的多条一级支流如巴塘河、松麦河沿河,往往形成许多大规模的洪积扇,河湾沟谷成为城镇建设的首选之地,促成了金沙江下游的大规模聚居。

三、山地垂直环境下的聚居特征

山地作为一种地理环境,与流域环境的分异不同,流域环境的分异主要是地貌分异,山地的分异则主要是气候分异。川西北高原的山地环境直观上表现出垂直地带性,沿海拔的变化,山地光热和降水气候条件的垂直分异,促使一个山地范围内依次出现不同的嵌入性景观带,诸如聚居空间、农业生产(植被、土壤)等。

川西北高原山地聚居形成与发展,正是在这样的人地关系基本线索牵引下,于长期的历史地理脉络与多民族文化竞融背景中,不断适应、嬗变和稳定后的产物,因此对山地环境的垂直聚居特征进行解析，对于明确川西北高原山地的人地关系适应性系统的基本空间特征与规律来讲不可或缺。

1. 宏观格局视野的空间聚居分布

川西北高原山区空间聚居的垂直地带特征，有宏观和微观之别。在宏观视野的区域山地人居环境格局层面，前文已经提到，不得不从民族地理变迁和汉藏生产文化融合的同一进程来理解，前述民族聚落地理格局形成与发展进程的直接结果就是：

一方面在民族聚落分布上具有明显的带谱变化特征。川西北高原山地沿宏观海拔梯度变化，越靠近东方、南方的低海拔山地流域聚居区，越具有汉民族聚居与生产的习惯。越往西、往北的高海拔地带去，便形成越多高原藏族聚居和生产的习惯，人居空间环境随海拔的极度上升逐渐"人迹罕至"（图1-16）。

其间位于岷江、大渡河、雅砻江和金沙江流域的山地聚居区，则是大规模、集中性的藏、羌民族高山混居地带，少部分彝族位居于甘孜州南部九龙县地区。相传从外迁徙至此的藏、羌、彝古代民众，连年受到战乱的影响，时常与本地高山原住民、西藏吐蕃势力和中原边守军队斡旋争斗，不断辗转、竞地与落脚生存，不稳定的同源斥外聚居使得他们多在局部地区山地环境的中高海拔山腰和山顶开田而居，便于防御，同时这也与藏羌民族内部的传统宗教性聚居习惯中的"神山信仰"有直接关系[①]。

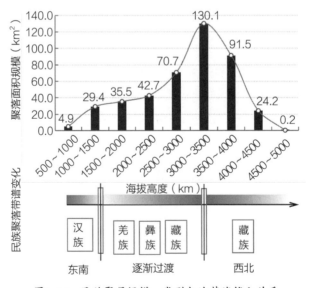

图1-16 民族聚居规模、类型与地势海拔之关系

---

① 格勒. 古代藏族同化、融合西山诸羌与嘉戎藏族的形成［J］. 西藏研究，1988（02）：22-30.

另一方面，与此保持着相对耦合关系的是，在农业生产资源的宏观分布格局上，随"东南—西北"的海拔地势递增变化，大致呈现出"农耕种植为主（1500m以下），以牧为主、牧耕混成（1500～3000m），单纯畜牧生计、少量种植（3000m以上）"的农业景观梯度分布特征。

2. 局地农业生产的垂直地带模式

在局地山区，随着高程的增加，包括大气湿度、光照辐射、降雨在内的气候条件以及土壤、植被和灌溉等农业生产条件的变化，同样使得农业土地资源分布具有一定的差异（图1-17）。

根据全国第三次土地利用调查下的地表覆盖数据，提取不同海拔分段下的农业土地资源面积比例进行统计分析，发现川西北高原山区的农牧林资源随海拔梯度的垂直分异较为明显：农田主要分布在1000～2500m之间，主要集中在河道两侧1000～2000m之间的河谷阶地与缓坡地带，其之上地带的农田明显减少，阔叶林、针叶林等在内的林地资源主要集中在海拔1000～3000m之间，而草地则海拔更高，大量集中于3500m以上的高寒高山地带。

受到河谷形态、山地气候、土壤植被以及民族文化的影响，川西北高原山区的农业资源与生产结构分布，在微域山地环境中的从河谷—山地的竖向海拔变化上，具有典型的垂直地带模式。总的来说，随着局地海拔的升高，农业土地资源、农作物类型、牲畜种类都渐趋单一，农业生产也由多层次的山地农业复合结构逐渐过渡为单一的草地畜牧业结构[①]：

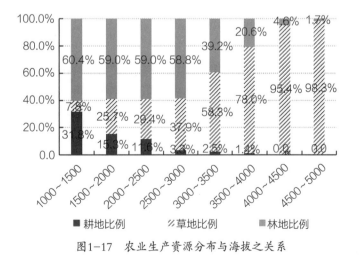

图1-17 农业生产资源分布与海拔之关系

---

① 方季虎，吴亚辉，等. 四川省甘孜藏族自治州综合农业区划［M］. 甘孜州农业区划委员会办公室，1988.

具体而言，海拔1200m以下的低山河谷平坝气候温暖湿润，主要为汉族聚居地，是包括水稻、小麦、玉米和蔬菜等作物在内的农田分布区，一年二熟甚至三熟，农业结构为"平坝种植为主，辅以少量圈养畜牧"。海拔1200~2000m之间的河谷下段阶地与低半山缓坡地带，光热水土条件较好，是各种经济作物的主要生产区，其农业生产结构以坡地粮食和经济作物种植为主，主要为一年两熟，结合经济性林木培育，以及黄牛、山羊等牲畜类型在内的圈养畜牧业，为农林牧综合生产活动区。

2000~3000m的河谷上段阶地和高半山缓坡，以山地草地畜牧业（牦牛、绵羊）为主，虽不近水，但光热充足，也适宜开辟梯田，种植一年一熟的耐旱性农作物，属于半牧半农区。

进入3000~3500m的海拔为亚寒带气候，聚落生态系统则转变为山地放牧系统，同时种植包括青稞、小麦和豌豆等在内的耐寒、抗贫瘠性作物，但处于3500~4000m的海拔段，小区域分布有稀少树木，主要分布广袤的高寒草甸灌丛，夏季冰雪融化后方可见草禾茂盛的草场，是间歇性、季节性饲放牦牛、绵羊的畜牧业类型。海拔4500m以上的高寒地区则基本人迹罕至，无农业利用（图1-18）。

值得一提的是，这样的垂直性农业景观与生产结构分布，并非人地长期相互作用和系统纵向发展下毫无变化的存在。作为山地环境下的人地关系耦合、持衡的外显性地域景观表征，自然地理地带性和人为开发利用共同决定了山地系统的农业景观与生产利用格局。在人类活动不强烈的地方，自然与农业景观按垂直地带规律展开，在人类活动强烈的河谷底部，地带性景观则会大量消失覆灭。

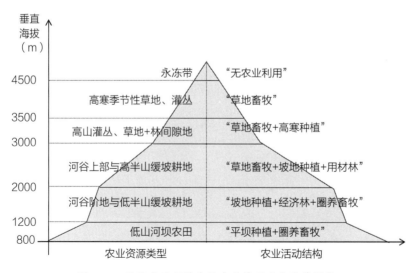

图1-18 局地山地环境中的农业景观垂直地带模式

典型例子就是，川西北高原山地的河谷阶地与低半山缓坡地带之间，会由于自然存在的"焚风效应"，在干热的山谷背面形成局部荒芜的沙地与荒漠环境，称之为"干旱河谷"。普遍存在的林牧矛盾、林粮争地的人地矛盾现象，使得分布在干支流域陡坡山地出现林线上移的现象，进一步加剧了河谷荒漠化的问题。两者长期的恶性循环过程，不仅极大地改变了局部地区的垂直地带农业景观与生产结构分布，也是造成川西北山地环境资源构成短缺、水土保持功能脆弱和自然生态风险的主要推手（图1-19）。

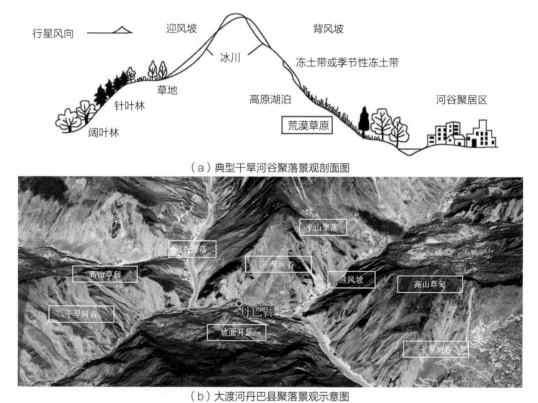

(a) 典型干旱河谷聚落景观剖面图

(b) 大渡河丹巴县聚落景观示意图

图1-19 局地性山地自然—生产性地带景观变化

第二章
城乡结构层面的聚落空间形态

第一节 聚落结构类型的定性梳理认知

一、以地形地貌划分城乡景观要素类型

根据地形选址条件、城镇发展空间、与水源和对外交通的关系等方面的综合考虑，将与城乡景观要素关系密切的地形地貌类型划分如表2-1所示。

以地形地貌划分城乡景观类型　　　　　　　表2-1

要素类型		景观形态	典型平面图式	特征
河谷类	峡谷型	城镇：带状、指状	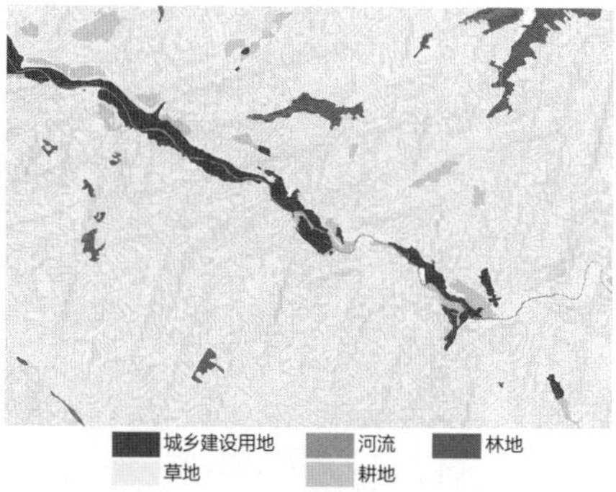	海拔和气候适宜人居；适合农业生产；交通区位好；生活生产水源便利；用地集约；城镇享有较长的自然景观界面，代表案例为马尔康市
		乡村：组团状分布于河谷浅山地带		
	宽谷型	城镇：片状	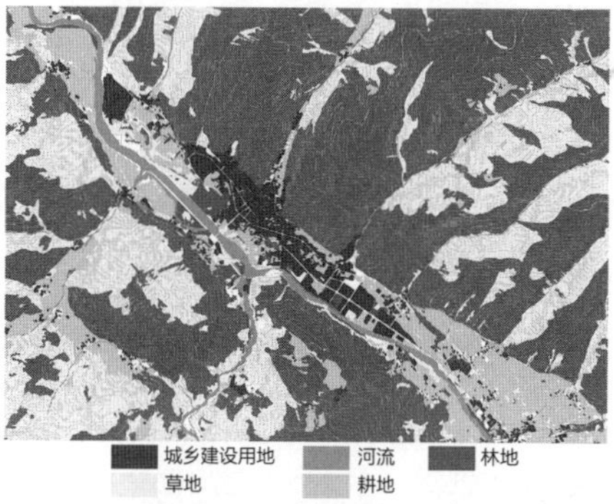	具有景观多样性，适合农、林、牧、副业综合发展；发展空间较大；农业和城乡集中连片，易发挥规模效益，代表案例为甘孜县
		乡村：组团连片		
	半山坡（台）地型	乡村：组团状、块状	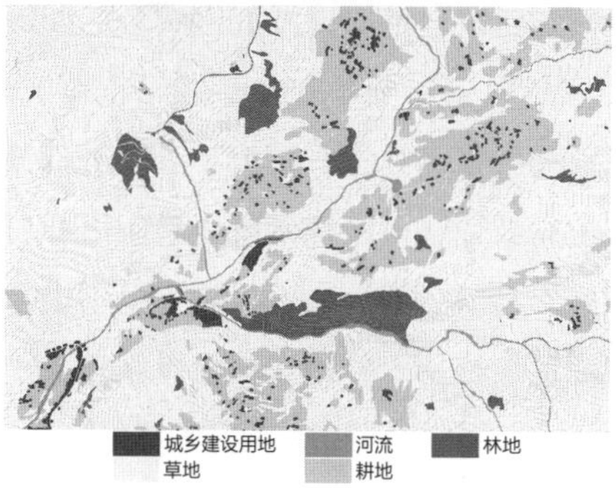	发展边界明确，规模较小，景观层次感较强，生产景观多元，农、林、牧、副业多种生产方式呈立体分布，代表案例为泸定县冷碛镇

续表

要素类型	景观形态	典型平面图式	特征
高原类	浅山坡地型	城镇：片状	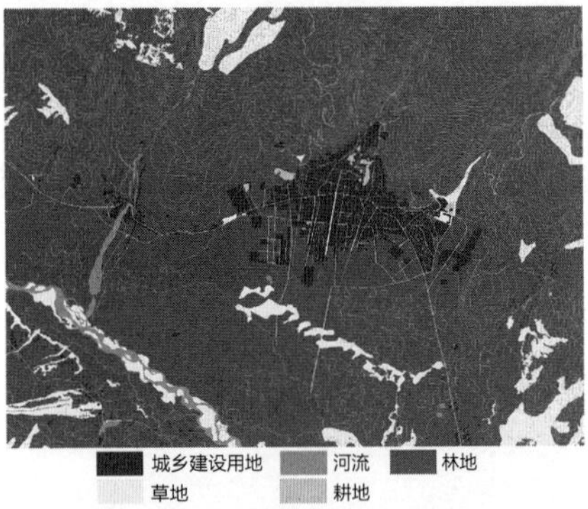	地形平坦，用地限制条件少，聚落发展限制条件少，造成城镇空间围合度较低，空间层次性弱，代表案例为理塘县
	乡村：组团连片		日照充足，适宜发展牧业
	平坝型	城镇：块状	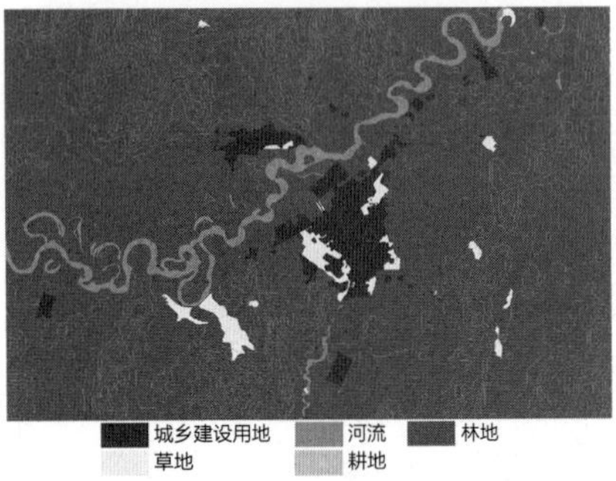	人口密度和开发强度较小，城镇空间围合度低，空间围合感较低，代表案例为红原县
	乡村：组团+散点状		日照充足，牧业发达
			人与自然充分融合

1. 河谷类

河谷类城乡景观总体分布在南部高山峡谷和局部山原地区河流深切的部分，河谷地区海拔相对较低，但发展空间总体沿河谷呈带状，空间狭小。根据所处地理位置不同，河谷类城乡景观风貌要素可分为"峡谷型、宽谷型"和"半山坡（台）地型"。

（1）峡谷型、宽谷型

峡谷型、宽谷型城乡景观要素，其城乡聚落均沿河谷分布，城镇、乡村、农田等人文景观主要分布在河流两侧的二阶台地，以及以上的台地和缓坡处。河谷类景观风貌要素的自然、人文景观呈现明显的垂直分布规律。一般情况下，城镇、乡村等聚落景观以及农田、园地等农业生产景观一般都结合谷底河流和道路进行带状布局；两侧浅山和中山处以林地景观为主，在局部山坳或地势平缓地带有少量农田和村庄形成斑块状镶嵌其中；高山和山原顶部由于海拔较高，不适合农业生产，除了个别山原顶部有少量人居聚落景观出现外，其他均以草地景观为主，局部有林地和裸地景观斑块。峡谷型、宽谷型景观风貌要素的区别在于，峡谷型城乡景观要素一般位于底部宽度小于900m的河谷，由于地形局限，一般呈带状或带状组团发展；宽谷型城乡景观要素位于底部宽度大于900m的河谷，其地

图2-1 峡谷型城乡景观风貌断面图（康定市）

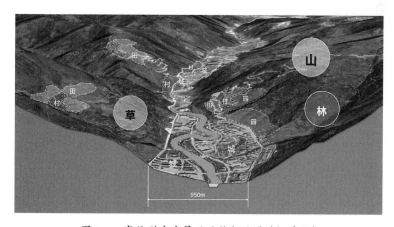

图2-2 宽谷型城乡景观风貌断面图（松潘县）

形不如峡谷型局限，在平面上呈向两端延伸的片状形态（图2-1、图2-2）。

（2）半山坡（台）地型

半山坡（台）地型城乡景观要素，是指乡村聚落景观大部分位于中山或高山半山的类型，主要布局在山体的平缓坡地或台地处。半山坡（台）地型城乡景观大多出现在河谷空间狭小的"V形峡谷"地区，以及河谷地带被城乡建设挤占、用地不足的地区，乡村聚落被迫"上山"，向半山缓坡或台地发展。半山坡（台）地型城乡景观要素的自然、人文景观也有明显的垂直分布特征，一般情况，谷底有少量的城镇、乡村等聚落景观，两侧半山以林地景观为主，在缓坡或台地处分布农田、园地等农业生产景观斑块，乡村聚落呈组团状镶嵌其中，山顶主要为草地和裸地景观（图2-3）。

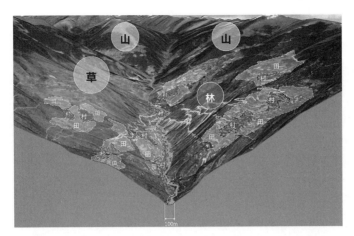

图2-3 半山坡（台）地型城乡景观风貌断面图（小金县）

2. 高原类

高原类城乡景观主要分布在北部、中部丘状高原和山原地带，高原地区海拔较高，气候较河谷地区寒冷，但地形起伏相对缓和，日照充足，地势开阔。高原类城乡景观风貌要素可分为"浅山坡地型"和"平坝型"。

（1）浅山坡地型

浅山坡地型城乡景观风貌要素是指城乡聚落一侧依靠浅山或缓丘，其他方向沿平坦地形自然展开的城乡聚落类型。浅山坡地型城乡聚落由于地形限制小，交通条件优良。一般情况下，容易形成城乡粘连的片状景观斑块，镶嵌于以草地为主的自然景观基质中（图2-4）。

图2-4 浅山坡地型城乡景观风貌图（理塘县）
（来源：网络）

（2）平坝型

平坝型城乡景观风貌要素主要位于丘状高原地区，该地区海拔较高，更加适合高原牧业发展。该类型城乡聚落一般选择布局在高原平坦地区的河流、道路交汇处。平坝型城乡景观的城镇一般呈块状形态，以河流、道路作为景观斑块的边界，乡村则按照牧业生产的需求，结合草场腹地离散分布（图2-5）。

图2-5 平坝型城乡景观风貌图（若尔盖县）

二、以生产方式划分城乡景观要素类型

川西北生态示范区乡村景观要素的形态风貌，除了受到地形地貌条件的约束，还因当地居民长期从事的农业或牧业的生产生活习惯，对其聚落形态、建筑形式产生深远的影响。总体来说，可以按照生产方式将川西北高原的乡村分为农林综合型、牧业主导型和农牧综合型三类（表2-2）。

以生产方式划分城乡景观类型　　　　表2-2

景观类型	农林综合型	牧业主导型	农牧综合型
景观形态	乡村：紧凑组团状	乡村：松散组团状或点阵、散点状	乡村：聚落布局呈松散组团式
典型平面图式	城乡建设用地　河流　林地 草地　　　　耕地	城乡建设用地　河流　林地 草地　　　　耕地	城乡建设用地　河流　林地 草地　　　　耕地

续表

景观类型	农林综合型	牧业主导型	农牧综合型
特征	聚落被农田园地景观围绕，在河谷地区形成带状或片状，山地区域形成分散的组团状	镶嵌布局在草场景观之中	建设斑块之间间距较大，聚落外围是农田生产景观，再外围则是草场、林地等自然景观

1. 农林综合型

川西北生态示范区高山峡谷地区的河谷地带，尽管平均海拔不低，但从南向北形成暖湿气流的自然通道，四季气候温和，降水量较丰富，土壤和水源条件良好，自然植被生长条件相对优越，农业和林业成为传统聚居点的主要经济活动（图2-6）。

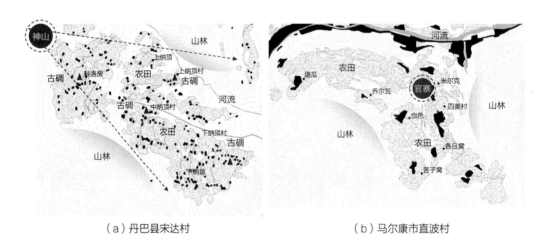

（a）丹巴县宋达村　　　　　　（b）马尔康市直波村

图2-6　农林综合型乡村聚落空间格局

农林综合型乡村聚落主要分布在大江大河流域的高山河谷地带，流域间二级、三级支流众多，村镇聚落常常在接近河流、水源和耕地的山脚地带沿等高线布局。河谷地区形成带状或片状，山地区域形成分散的组团状。建筑组团周围的缓坡地区开发为耕地或园地，由于河谷和山地用地有限，往往单体建筑之间的空地也作为耕地加以利用，形成了"村在田中、田在村中"的景观特征。

农林综合型乡村聚落景观的建筑形态也受到农业生产需要的影响，大多采用平屋顶或局部平屋顶的建筑形制，将屋顶作为晾晒农作物的晒坝，尽量利用有限的空间资源（图2-7）。

2. 牧业主导型

川西北高原是全国五大牧区之一，是四川省草食畜牧业的重要基地，高海拔地区的高

第二章　城乡结构层面的聚落空间形态 | 31

（a）丹巴县宋达村

（b）马尔康市直波村

图2-7　农林综合型乡村聚落景观

寒草原资源非常丰富。在草原集中分布的北部和中部的丘状高原和高山原地区，牧业生产占乡村经济的主导地位，也对城乡景观的形态和风貌产生重要的影响。

牧业型城乡景观要素主要分布在地势平缓的丘状高原和高山原地区，为了对外交通和水源便利，城镇一般选址于道路、河流交会处，城镇形态低矮且舒展，并以河流或道路作为景观边界，形成块状镶嵌于大面积的草地景观基质中（图2-8）。

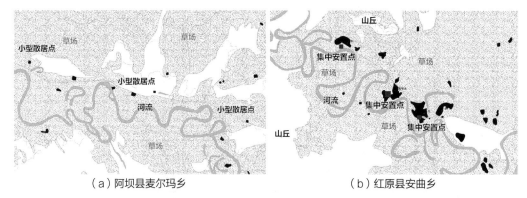

（a）阿坝县麦尔玛乡　　　　　　　　（b）红原县安曲乡

图2-8　牧业主导型乡村聚落空间格局

由于牧业具有的季节性特点，高原的游牧民族大多居住帐篷，逐水草而居，只有冬季移居到简易的"冬居"做短暂的休整。因为牧业需要大面积的草场作为基本生产条件，牧区的人居聚落以点状离散为主，不管是帐篷还是冬居，多选择靠近水源和牧场，背风向阳之处；各户之间隔开一定距离，以便更大限度地利用草场，形成了散点分布的形态。

除了传统的帐篷和冬居外，在政府主导的牧民定居行动开展以来，牧民定居点成为牧区乡村聚居的主要形式，牧民定居点一般选择在交通和水源便利处集中建设，形成组团或点阵的形态。为了方便畜群的管理和进出，定居点户型多为一至二层，带有较大的院落，建筑之间的间距也较大，形成了开阔、平缓的聚落形态（图2-9）。

因传统牧业抵御气候变化和自然灾害能力差，一直存在"夏肥、秋壮、冬瘦、春死"的季节性波动，制约了牧区的稳定发展；同时，由于牧业规模扩张和资源利用不合理，造成定居点附近草场过载，高山远边牧场利用不足，导致了部分地区草原生态退化的现象；此外，牧民定居点建设，难以满足牧民游牧迁徙的生产生活习惯，每年存在较长时间的空置，一定程度上造成了建设资源和土地浪费。

3. 农牧综合型

农牧综合型聚落景观主要分布在南部高山峡谷和中部山原地区，农田近河流、利于灌溉，选择在河谷冲积扇和多级阶地之上，生活聚落采用集中布局形式，位于农田中央，草场则处在高山之上，位于聚落空间边缘（图2-10）。

该地区海拔较高，农业生产条件不如高山峡谷地区，但"农、牧"综合发展，可以做到经济的相互补充，一定程度上拓展了该地区的物质生产能力，形成了特色化的生产景观体系。农牧综合型聚落景观兼有农业聚落景观和牧业聚落景观的特点，其乡村聚落布局形态呈组团式或棋盘镶嵌式，建筑之间具有较大的间距，建筑之间是农田景观，但耕地所占

（a）阿坝县麦尔玛乡

（b）红原县安曲乡

图2-9　牧业主导型乡村聚落景观

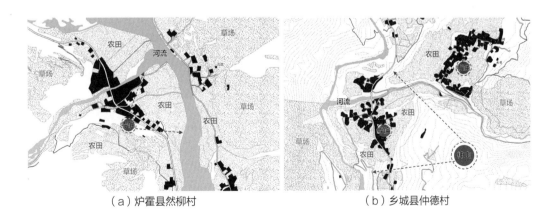

（a）炉霍县然柳村　　　　　　　　　　（b）乡城县仲德村

图2-10　农牧综合型乡村聚落空间格局

比例明显较农林综合型景观要素类型低,城乡景观外围则是草场、林地等自然景观。

农牧综合型聚落建筑院落多为二至三层,局部地区高达四层或以上。底层包含储藏、圈养牲畜等功能空间,上层是日常居住饮食起居之处,通过天井和楼梯联系(图2-11)。

(a)炉霍县然柳村

(b)乡城县仲德村

图2-11 农牧综合型乡村聚落景观

第二节　城乡结构类型的定量耦合分析

一、空间聚居结构的耦合维度

吴良镛院士提出，在人类聚居学研究中，不仅要分析单个聚居点本身，还要从更大尺度范围的聚居系统上，考察城镇、村落聚居点之间的相互关系与骨架组合。这无疑肯定了城乡空间结构尺度下的聚居空间特征辨析，对于理解聚居本身具有不可或缺的意义。

人类聚居学创始人道萨迪亚斯认为，聚居结构形态是各种力综合的结果[①]：

随着长期的社会变革与城乡发展过程，加上受到人类活动的影响，各种社会经济属性、文化属性、人为建设属性等复杂多变的因素相继介入，驱动聚落系统形成的"力"也发生了变化。概括而言，新的动态城乡聚落系统受到自然力（地理位置、地形、气候等）、中心吸引力（主要城镇聚居点）、线性力（现代交通与道路、河流水系）和区域力（整体环境）等形式的综合作用，产生"千变万化"的聚居结构生长模式，称为"力动体"（Force-moblile）。如若只有点状中心力作用，而没有别的力影响，聚居结构骨架为圆形或放射形；如果只有线性力作用，则聚居结构趋于带形。在各种自然力和区域力作用下，则在此基础上变化。上述时间历程上的聚居空间结构发育，仍然可以在川西北高原区域格局层面的流域性聚居脉络中看到，因区域动力和城乡发展等因素的不同所展现出的聚居结构分布差异。

需要提出的是，道氏以聚居的产生、发展和消亡过程为理论认知基础，对聚居的实体空间特征，提出了适用于所有类型聚居自然法则考察的54条基本定理，在区位、规模、功能之后的第四、第五点便提出了结构与形态定理。

其中的结构定理40："聚居中的所有部分互相紧密联系的趋向是形成聚居形态的主要作用力"，形态定理53："在正常情况下形成的聚居，其密度随该聚居在聚居系统中的位置和作用而变化，并且是一个有理性的连续变化过程"，揭示了聚居空间结构与形态的两个本质考察维度，即"聚居形态"与"空间密度"的基本耦合联系，这对笔者对城乡结构尺度下的人居空间特征的理论认知起到了关键性的启示作用，本节将围绕上述相关理论内容展开川西北高原的实证分析。

二、空间聚居结构的区域分布

从道氏的"结构"与"形态"理论出发，将城乡空间结构形态与聚落点空间密度进行

[①] C.A.Doxiadis Ekistics:1968.An Introduction to the Science of Human Settlement [M]. A.Doxiadis Oxford University Press.

耦合分析，运用4×3要素交叉矩阵辅助人工判别，共识别出7种城乡空间结构类型，分别是低密度—镶嵌型、中密度—镶嵌型、低密度—串珠型、中密度—串珠型、中密度—树枝型、高密度—树枝型和高密度—绵延型（图2-12）。

值得一提的是，特定的聚居空间密度往往与一定类型范围的结构形态具有"耦合关系"，譬如低密度聚居大多出现在镶嵌型、串珠型形态当

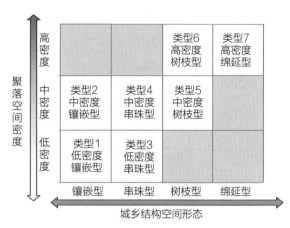

图2-12　城乡空间结构的耦合类型判别矩阵

中，却基本不会与树枝型、绵延型形态发生耦合关系；高密度聚居则正好与此相反，这也说明了空间聚居系统对各种自然与人工"力动体"的结构秩序响应具有特定的趋向性。

三、聚落空间结构的类型特点

1. 低密度—镶嵌型（4.55万km²，占比19.54%）

该结构类型较为普遍，位于高寒地带的高平原和丘状高原地区，平均海拔3500m，分布于其中海拔相对较高地带的低洼处，具有"逐水草而居"的藏族牧居特点，以高原草地畜牧业+少部分高寒种植业为生产功能。

以"集镇—村庄"形成的"核心—边缘型"，村庄—村庄形成的"均匀—离散型"结构为基本结构构型。由于受气候约束限制影响较大，自然环境承载力有限，往往城乡聚落分布广袤、密度稀疏，尤其是受到北方甘青地区游牧文化的影响，乡村聚居点会因"畜牧草地范围半径"的影响，按一定距离间隙分布[①]。聚落横向联系极为松散，农业生产结构单一，内部交通联系薄弱（图2-13、图2-14）。

2. 中密度—镶嵌型（0.72万km²，占比3.09%）

选址位于高山峡谷以及高山原地区，取其相对宽阔、平缓的谷地或沟壑区域，多以"集镇—村庄"构成"核心—边缘型"结构，聚落间平均距离约1~3km。该类型区域以高山山地立体农业生产功能为主（包含坡耕地种植业、草地畜牧业、用材林业）。

---

① 聂卫东. 甘南藏区聚落的空间分布及影响因素研究［D］. 兰州：兰州大学，2019.

沿河岸阶地、山脚缓坡的藏区居民点建设和农田利用呈现较为稀松的"团带式"形态。一方面，因气候干燥、寒冷，且农业灌溉条件有限，垦殖规模与居民点建设规模相对稳定；另一方面，地形封闭复杂，交通联系较弱，城镇化动力一般（图2-15）。

图2-13 "镶嵌型"牧业聚落景观

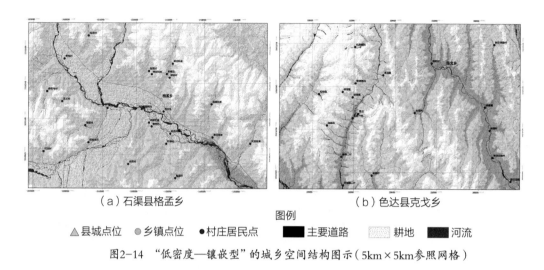

(a) 石渠县格孟乡　　　　　　　　　　(b) 色达县克戈乡

图例
△ 县城点位　● 乡镇点位　● 村庄居民点　■ 主要道路　▨ 耕地　■ 河流

图2-14　"低密度—镶嵌型"的城乡空间结构图示（5km×5km参照网格）

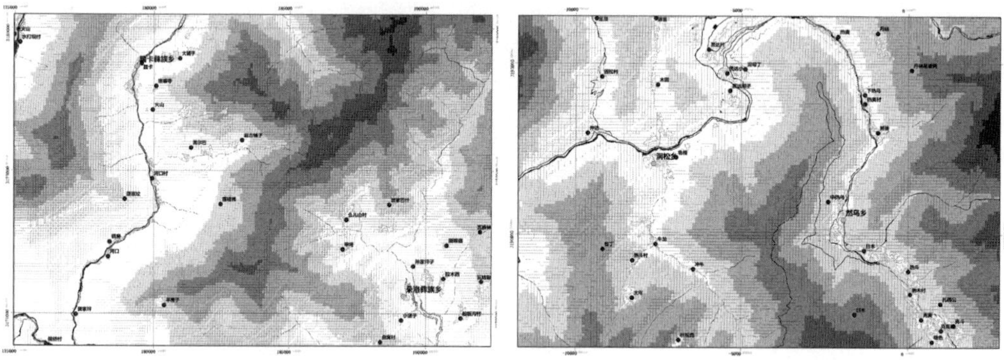

(a) 九龙县踏卡彝族乡、朵洛彝族乡　　　(b) 乡城县洞松乡、然乌乡

图例
△ 县城点位　● 乡镇点位　● 村庄居民点　■ 主要道路　▨ 耕地　■ 河流

图2-15　"中密度—镶嵌型"的城乡空间结构图示（5km×5km参照网格）

3. 低密度—串珠型（6.13万km²，占比26.34%）

该结构类型较为普遍，选址位于高平原、山原地势相对较低的河谷阶地或河湾湿地地带。"乡镇—村庄"保持一定间距沿水系与交通走廊纵向分布，形成极为疏松的"走廊串珠"形态。以高原藏族草地畜牧业为主，河谷地带有高寒粮食作物种植，是典型的牧农混合生计模式，城乡景观风貌呈现"谷中聚居，村田相依"的特征，颇有"藏乡田园"之美誉（图2-16、图2-17）。

4. 中密度—串珠型（7.19万km²，占比30.86%）

该结构类型最为常见，选址多位于高山原、高山峡谷狭长的深切河谷地带（宽度

图2-16 "串珠型"城乡聚落景观
（来源：网络）

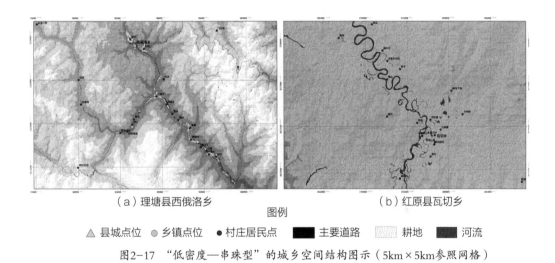

（a）理塘县西俄洛乡　　　　　　　　　（b）红原县瓦切乡
图例
△ 县城点位　○ 乡镇点位　● 村庄居民点　■ 主要道路　▨ 耕地　■ 河流
图2-17 "低密度—串珠型"的城乡空间结构图示（5km×5km参照网格）

500~1500m），以"乡镇—村庄"沿交通走廊形成串珠状。在谷地狭窄陡峭处集中于河流阶地之上，在谷地宽阔低缓处则相对离散。

整体谷地海拔相对较低（平均海拔2000~3000m），因此居住小气候、生产光热条件相对较好，近水河谷具有一定的灌溉条件，适宜小规模高山坡地农业的发展，耕地分布细碎，以高山垂直牧林业为主。

藏族居民点联系密切，城镇化动力较强，同时也是地质灾害安全隐患相对明显的地区（图2-18、图2-19）。

5. 中密度—树枝型（2.01万km^2，占比8.65%）

选址位于上游平行水系形成的浅切割"槽型宽谷"（宽度2000~6000m）。大中型"乡镇—村庄"沿高等级河流分布于多级阶地之上，形成"树干"；其余小型村庄沿低等级支

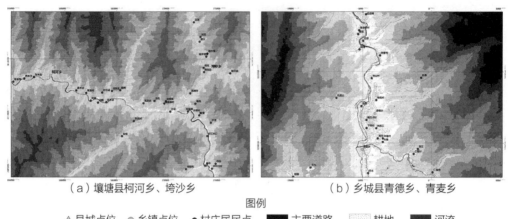

(a) 壤塘县柯河乡、垮沙乡　　　　　　(b) 乡城县青德乡、青麦乡

图例
△ 县城点位　● 乡镇点位　● 村庄居民点　■ 主要道路　▨ 耕地　■ 河流

图2-18 "中密度—串珠型"的城乡空间结构图示（5km×5km参照网格）

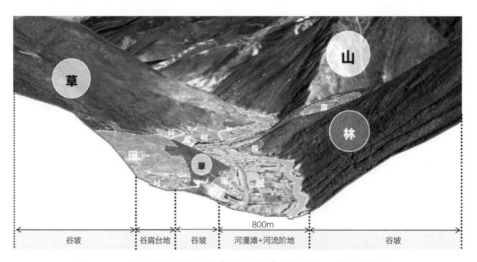

图2-19 典型城乡空间结构布局断面（乡城县中心城区附近）
（来源：根据Google Earth三维地景自绘）

流分布于汇水沟谷中，形成低半山缓坡地带的"触角支系"，支系间保持有一定间隙。

以垂直季节性畜牧业和经济林业为主，聚落与耕地紧密相连，河谷地带有较大规模的集中粮食作物种植。水资源与交通条件较好，城镇化动力较强（图2-20、图2-21）。

6. 高密度—树枝型（1.17万km²，占比5.02%）

主要位于高山峡谷低缓处的宽阔谷地或丘状高原宽坝，"城—镇—村"或"镇—村"沿交通走廊和河流阶地纵向延伸，形成三级或两级的"点轴型"结构主干。以"镇—村"

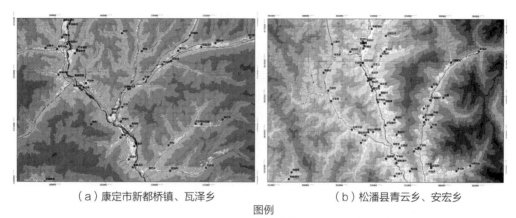

(a) 康定市新都桥镇、瓦泽乡　　　　　　(b) 松潘县青云乡、安宏乡

图例
▲ 县城点位　● 乡镇点位　● 村庄居民点　■ 主要道路　▨ 耕地　■ 河流

图2-20 "中密度—树枝型"的城乡空间结构图示（5km×5km参照网格）

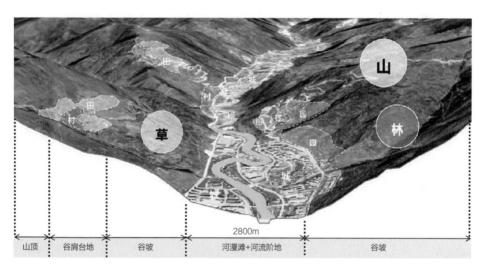

图2-21 典型城乡空间结构布局断面（松潘县中心城区附近）
（来源：根据Google Earth三维地景自绘）

形成"团带型"支系，在周围山体岭谷之间"多触角"延伸，且支系间隙较小。

以高山藏族的农林种植以及季节性牧业生产方式为主。交通联系较好，城镇化动力强劲。地形阻碍较小，建设用地可多向、便宜扩张（图2-22）。

7. 高密度—绵延型（1.51万km^2，占比6.49%）

可以看作"高密度—树枝型"演化后的聚居结构，城镇用地规模较大，汉藏羌混合常住人口较多，相对意义上属于川西北区域内的城镇绵延发展区。

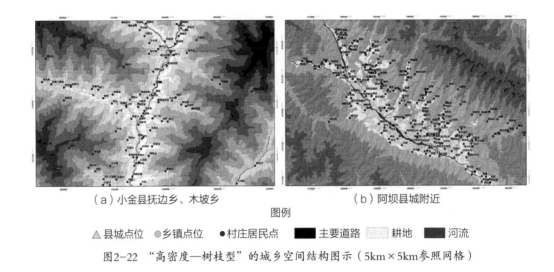

（a）小金县抚边乡、木坡乡　　　　（b）阿坝县城附近

图例

△县城点位　●乡镇点位　●村庄居民点　■主要道路　▨耕地　■河流

图2-22 "高密度—树枝型"的城乡空间结构图示（5km×5km参照网格）

主要位于高山峡谷的河口河谷地带，由"中心城区—建制镇"构成"点轴型"主干，沿主要交通廊道延伸，外围的"集镇—村庄"则形成"核心—边缘型"组团，呈横向蔓延式分布，功能等级复合，空间联系紧密，城镇化动力最为强劲。

受到内陆汉族聚居生产文化的渗透、融合与影响，生产技术与方式更为成熟，以高山立体林牧业、粮果以及粮茶杂种植农业为主，生产功能多元化，属典型的耕作农业区。

由于山地建设环境局促、人口膨胀明显以及高山农业生产需要，村田斑块自下而上生长、分布在高山缓坡与台地之上，尤其是羌族聚落更具有"地势险峻、据山临涧"的高山聚居特征，整体而言侵占外围自然生态要素的情况较为普遍，也成为山地灾害多发与城乡聚居建设及生命与财产安全的要扼（图2-23、图2-24）。

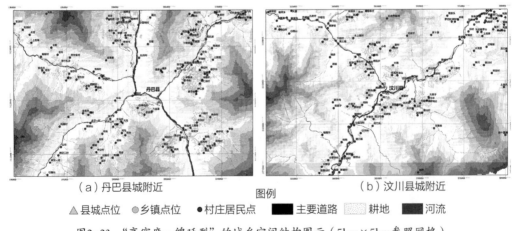

（a）丹巴县城附近　　　　　　　　（b）汶川县城附近

图例

△县城点位　●乡镇点位　●村庄居民点　■主要道路　▨耕地　■河流

图2-23 "高密度—绵延型"的城乡空间结构图示（5km×5km参照网格）

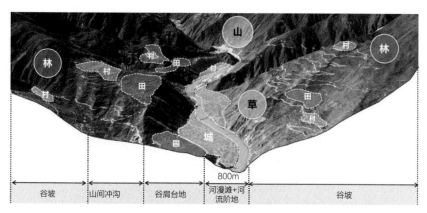

图2-24 "高密度—绵延型"城乡空间结构布局断面（汶川县中心城区附近）
（来源：根据Google Earth三维地景自绘）

第三节　城镇结构形态的生长演变规律

川西北高原山地流域的聚落形态具有典型的山地聚居特征，而且地处我国第一阶梯的横断山脉走廊地区，情况甚是复杂。由于区内社会经济发展相对滞后，以及山地空间建设条件的制约，与内地平原地区相比，城乡空间形态基本处于较为早期的生长发育阶段。

但是，伴随着城镇化进程的加速，川西北高原众多小城镇的空间扩张与建设模式将直接面临发展带来的巨大冲击，这种冲击带来的城镇形态变化是判断一个城镇能否健康、可持续发展的本质准则。在聚落形态尺度上考察城镇空间扩展的内在规律与基本特征，并作为空间规划调控与建设引导的基础认知依据，是川西北高原人居环境建设研究必不可少的内容。

对城镇形态的研究属于微观尺度的研究，在这个层面，"流域"对聚居空间形态的相关关系和特征约束的作用有所弱化，而与之复合嵌套的"山地"因素反而更加显著，因此，本小结主要抓住"山地"特征脉络对城镇空间形态特征开展研究。

一、城镇形态扩展的典型模式

重庆大学黄光宇教授在主持国家自然科学基金资助课题"山地生态特点与山地城市结构形态"（1990—1993）的探索研究中认为，地形与自然生态环境的作用在山地城镇中十分突出，这种城镇空间与自然环境的相关程度与特征限定作用，不仅体现在外部轮廓，而且相当重要的一部分在于控制了城镇结构形态的内部功能布局。

可以说，比起分散性、局部性的建成环境改善，合理把握和引导城镇空间结构形态的形成与发展，才是协调人工与自然环境平衡的宏观性、主动性控制方式①。

同时，还提出了将山地城镇基底和选址的地形环境进行综合，以几何形态特征和地貌特征的共同联系作为分类基础，以此准确刻画山地城镇结构形态的空间特性。这样的研究思路对笔者针对川西北山地城镇形态的特征分析起到了启发作用。

顾朝林教授等学者②从社会经济动力学和空间动力学机制分析出发，认为城镇空间结构与形态演化始终在"集中"与"分离"这两种相互矛盾而又辩证统一的运动过程中连续展开。这一空间进程遵循着地域分异规律、空间渐进推移规律、空间充填规律，以及"城市—区域演化规律"，并据此将我国的城市（城镇）空间增长形态特征归纳为蔓延式、分散式、飞地式、走廊式、指状增长式和带状增长式等基本模式类型（图2-25）。

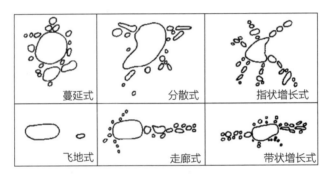

图2-25 中国城市的外向扩展分期图
（来源：顾朝林，甄峰，张京祥. 集聚与扩散——城市空间结构新论，2000.）

二、城镇形态扩展的类型识别

山地城镇的地形环境选址单元包含山地单体形态（微地貌、小地貌形态）以及由其组合而成的复杂地貌形态（包括中、大、巨地貌形态）的地表单元之上③。按照城镇空间所处的宏观地貌类型与山体的具体建设位置，据对川西北山区建制镇及以上级别城镇的实地调查发现，城镇地形环境选址大致可以分为六种类型，即丘原平坝型、山原盆地型、山顶高地型、山坡台地型、山间平谷型和山间峡谷型（图2-26）。

---

① 黄光宇. 山地城市学[M]. 北京：中国建筑工业出版社，2002.
② 顾朝林，甄峰，张京祥. 集聚与扩散——城市空间结构新论[M]. 南京：东南大学出版社，2000.
③ 吴勇. 山地城镇空间结构演变研究[D]. 重庆：重庆大学，2012.

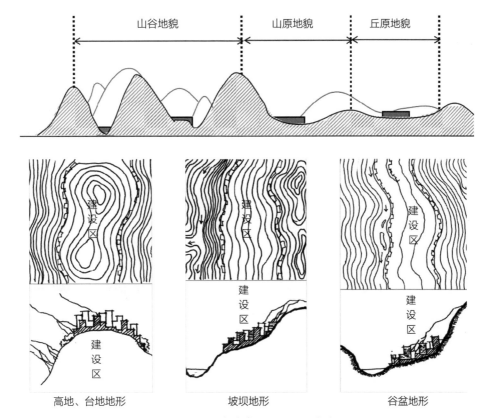

图2-26 山地城镇建设的地形环境选址
（来源：上图：自绘；下图：吴勇. 山地城镇空间结构演变研究［D］. 重庆：重庆大学，2012.）

此思路，将城镇地形环境特征与空间形态特征进行双属性交叉归纳分析，依据排列组合关系，理论上应当出现30种最基本的耦合交叉属性的城镇空间结构形态类型，但经过现实山地城镇的实际状况对照，对抽象后的30种山地城镇空间结构类型进行一一校验，发现川西北高原的城镇空间结构形态大多以丘原平坝—圈层蔓延、山间平谷—带状增长、山间峡谷—轴向填充三种扩展形式为主，一部分会形成山原盆地—分散扩展、山坡台地—分散扩展、山坡台地—轴向填充的形式，基本不会出现在山顶高地型地形环境中（表2-3）。

川西北高原城镇空间形态扩展类型的梳理　　　　　　　表2-3

形态扩展模式	丘原平坝	山原盆地	山顶高地	山坡台地	山间平谷	山间峡谷
圈层蔓延式	●	—	×	×	○	
分散扩展式	○	○	—	○	—	×
轴向填充式	×	×	—	○	—	●

续表

形态扩展模式	丘原平坝	山原盆地	山顶高地	山坡台地	山间平谷	山间峡谷
带状增长式	×	×	×	×	●	—
指状增长式	—	×	×	×	—	○

注：×代表无，—表示出现频率低，○表示出现频率中，●表示出现频率高。

三、城镇形态扩展的类型特点

将川西北高原山地的城镇选址、总体形态扩展和地形环境之间的主要类型关系与空间特征归纳如表2-4～表2-8所示（均采用1km×1km尺度参照网格）。

丘原平坝的城镇空间形态扩展特征　　　　　　表2-4

地形环境	丘原平坝		
类型一	特征描述		
圈层蔓延式	城镇选址多位于雅砻江、大渡河、黑白河中上游的丘原平坝之上，相对海拔较高，周围主干水源性河道集中，分布极小起伏的山丘、台地，用地较平坦；规模大、布局紧凑，拓展方式受地形约束小，受原始城镇中心影响大，初期以团块形为主，用地密实、边界曲折，后期易形成跨河岸的跃迁式组团扩展；包括色达县城关镇、炉霍县城关镇、红原县邛溪镇、石渠县城关镇、阿坝县城关镇、若尔盖县唐克镇、石渠县洛须镇等		
模式图示	色达县城关镇	炉霍县城关镇	红原县邛溪镇
	色达县城关镇（2000年）		色达县城关镇（2022年）

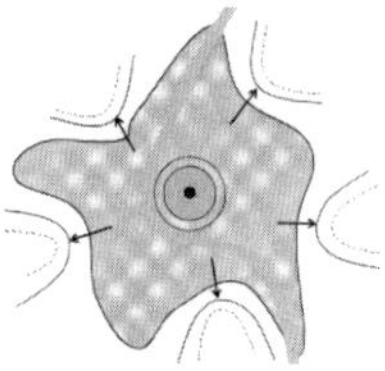

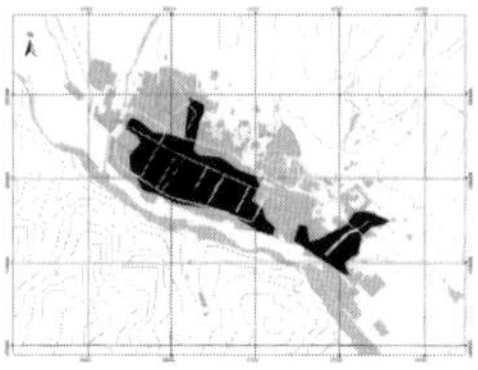

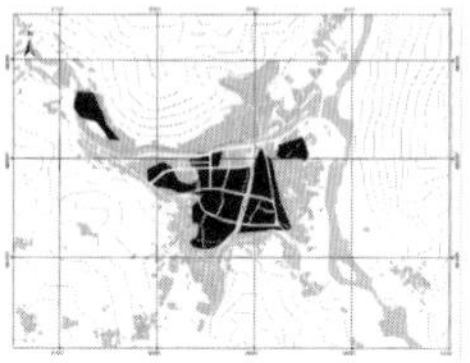

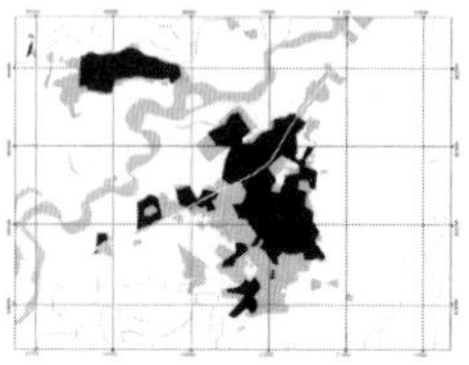

续表

地形环境	丘原平坝		
类型二	特征描述		
分散扩展式	城镇周围分布有中小起伏的丘陵、台地，低缓平地的建设区域形状不规则延伸； 规模一般、布局松散、边界模糊，城镇形态通常沿网状公路或河流水系带状扩展，建设用地斑块由中心向外围的平均规模逐渐缩小，形态逐渐细碎； 包括色达县洛须镇、德格县玛尼干戈镇、道孚县八美镇、理塘县村戈乡、阿坝县麦尔玛镇、若尔盖县阿西乡、红原县瓦切镇等		
模式图示 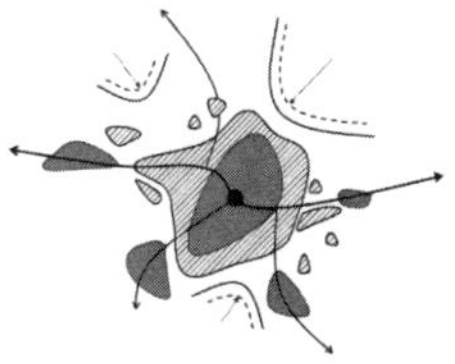	色达县洛若镇 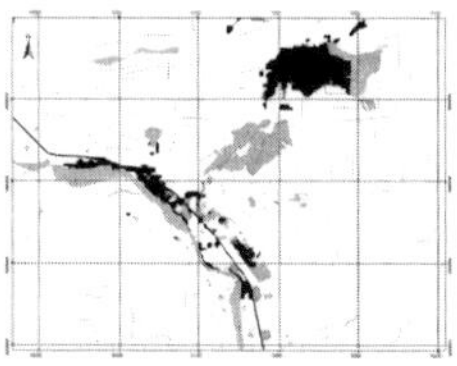	德格县玛尼干戈镇 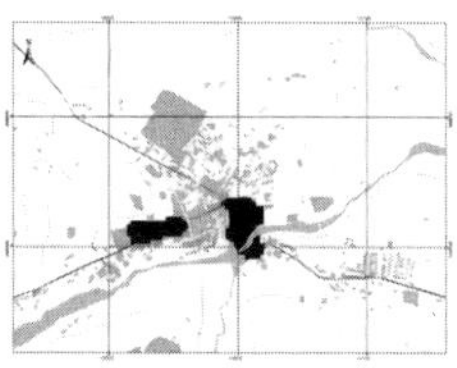	道孚县八美镇 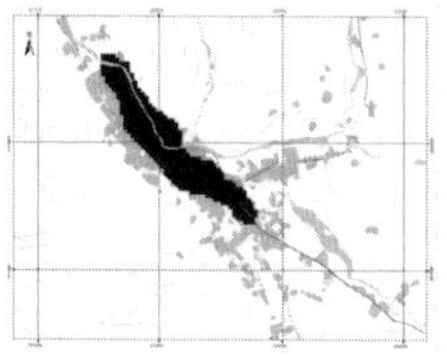
	八美镇（2000年）		八美镇（2022年）

注：黑色图斑为2000年城镇建设用地，橙色图斑为2018年城镇建设用地，灰色图斑为2018年城镇附近村庄建设用地（下同）。

山原盆地的城镇空间形态扩展特征　　　　　　　　　　　　　　　　表2-5

地形环境	山间盆地
类型一	特征描述
圈层蔓延式	城镇主要分布在雅砻江、黑白河上游丘状高原地区，选址处于群山环抱的小型盆地中，形成背山面水的空间格局； 以小规模乡镇为主，初期多为团块形态，位于盆地边缘，后期逐步发育壮大占据盆地大部分平坦区域； 包括德格县竹庆镇、稻城县桑堆乡集镇、红原县贾洛镇等

续表

地形环境	山间盆地	
模式图示 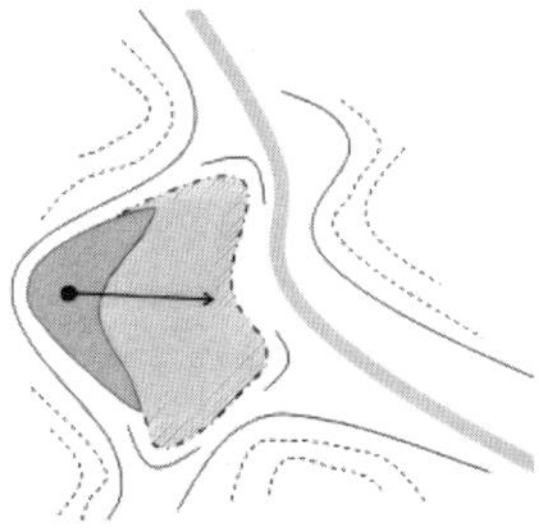	德格县竹庆镇 	红原县贾洛镇 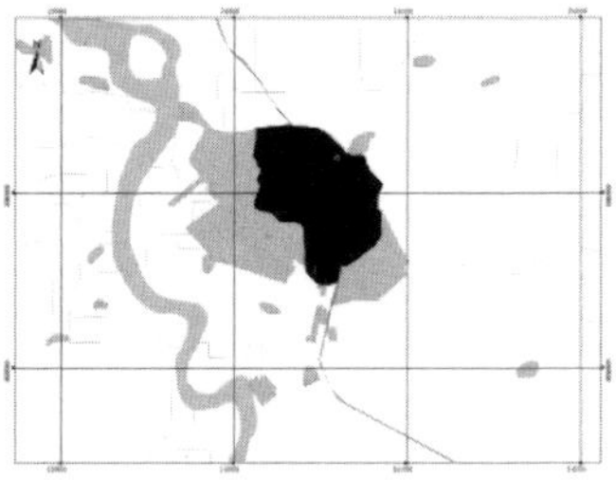

山间平谷的城镇空间形态扩展特征　　　表2-6

地形环境	山间平谷		
类型一	特征描述		
圈层蔓延式	该类城镇较多分布于金沙江、雅砻江、大渡河、岷江下游河谷沿岸，一般选址于多河弯曲交汇处的谷口扇形冲积地上，规模大小不一； 形态趋于纺锤形，城镇发育初期限于山脚缓坡地带，外围通常分布有大面积的村庄、耕地，后期背朝主干河流蔓延至山腰地带，呈现"城镇包围村庄"的发展特征； 包括巴塘县城关镇、白玉县城关镇、金川县城关镇、理县杂谷脑镇、得荣县瓦卡镇、茂县富顺镇、金川县安宁镇等		
模式图示 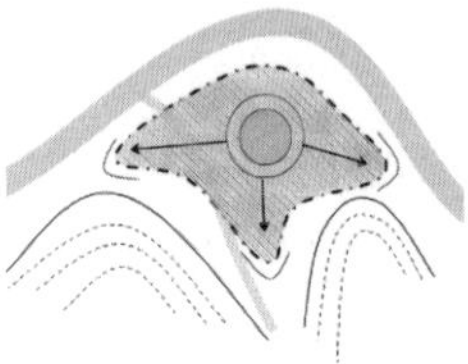	巴塘县城关镇 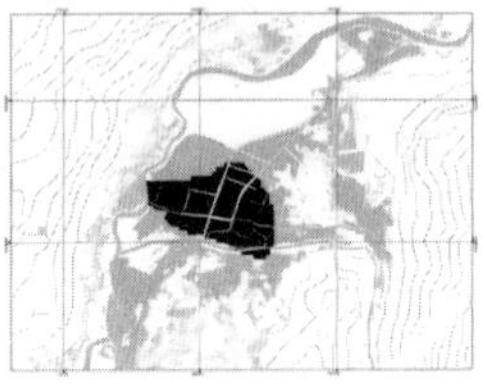	得荣县瓦卡镇 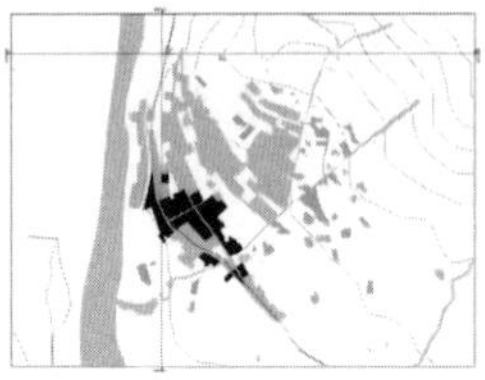	茂县富顺镇 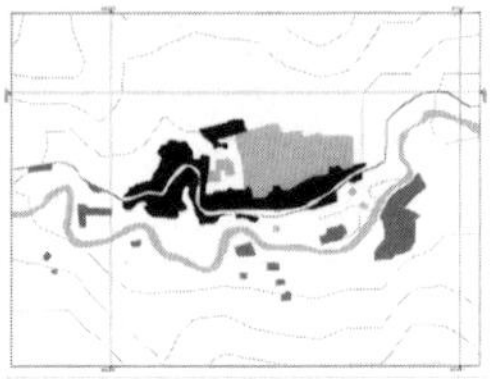
	巴塘县城关镇（2005年）	巴塘县城关镇（2022年） 	

地形环境	山间平谷		
类型二	特征描述		
带状增长式	该类城镇广泛分布在金沙江、雅砻江、大渡河、岷江流域河谷地段，选址于较宽（1.2km左右）的河谷阶地上； 形态以长条形为主，拓展方式受地形约束大，发展初期集中处于河岸一侧，后期易出现跨河组团式发展，发展阶段大致分为初期触角期、中期分散组团期、远期带形走廊期，不同阶段规模差异较大； 包括九龙县城关镇、乡城县城关镇、汶川县城关镇、小金县城关镇、金川县城关镇、松潘县镇江关镇与川主寺镇、九寨沟县城关镇等		
模式图示 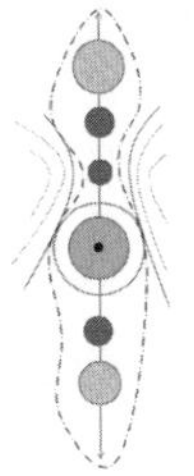	松潘县镇江关镇 （小型—触角期） 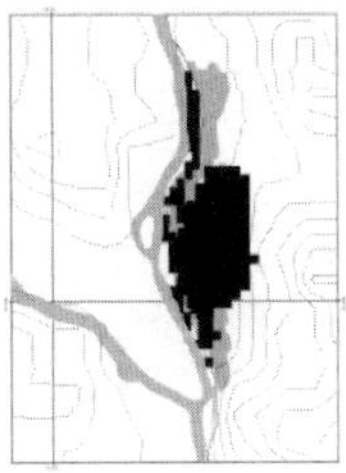	松潘县川主寺镇 （中型—分散组团期） 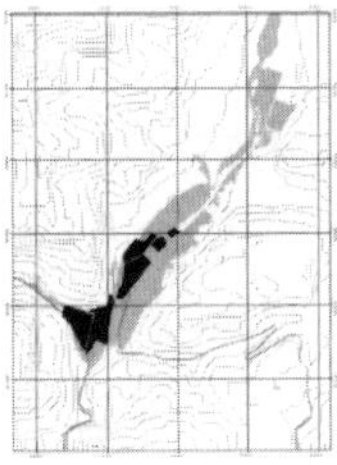	九寨沟县城关镇 （大型—带型走廊期） 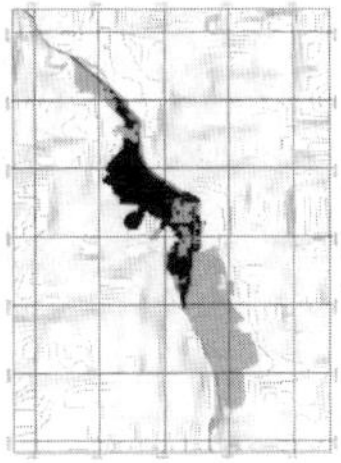

川主寺镇（2000年） 川主寺镇（2022年）

山间峡谷的城镇空间形态扩展特征　　　　表2-7

地形环境	山间峡谷
类型一	特征描述
轴向填充式	城镇周围分布有大中起伏的高山，坡陡谷深，可建设区域宽度一般为500m左右、曲折不连续； 受侧向山体压迫，城镇形态沿道路、水系轴向延伸，纵向长度视城镇规模而定，一般可达5~12km左右； 包括德格县城关镇、康定市城关镇、马尔康市城关镇、九寨沟县漳扎镇、小金县日隆镇、理县古尔沟镇等

续表

地形环境	山间峡谷	
模式图示	马尔康市城关镇	九寨沟县漳扎镇
	康定市城关镇（2000年）	康定市城关镇（2022年）
类型二	特征描述	
指状增长式	城镇主要分布在大渡河、岷江流域的高山峡谷地区，选址在多条主干与支系河流的交汇口，附近的狭窄阶地、陡坡之上； 城镇形态狭长、不连续，或宽或窄，当人员增长、功能膨胀时，受山体、河流分割挤压，沿道路呈指状蔓延； 包括黑水县城关镇、丹巴县城关镇、新龙县城关镇等	
模式图示	黑水县城关镇	丹巴县城关镇
	丹巴县城关镇（2005年）	丹巴县城关镇（2022年）

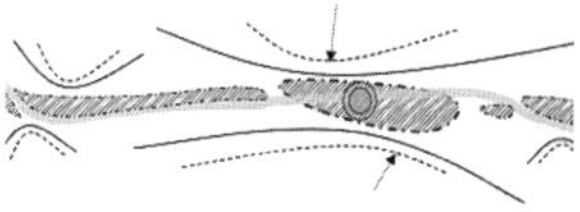

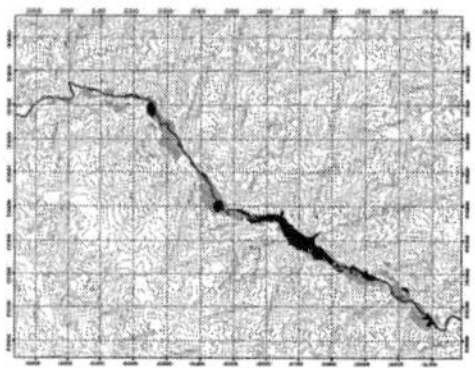

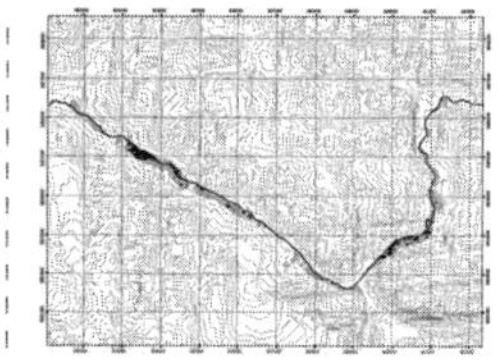

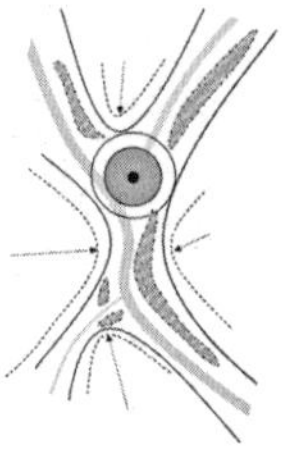

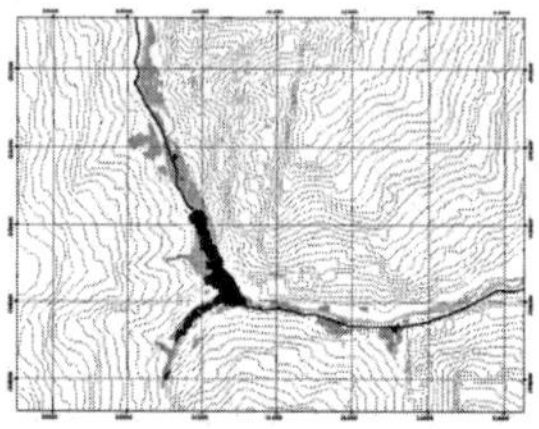

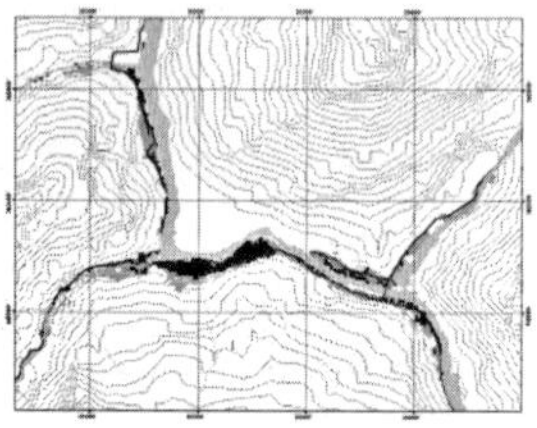

山坡台地的城镇空间形态扩展特征　　　　　　表2-8

地形环境	山坡台地	
类型一	特征描述	
分散扩展式	该类聚落以用地面积、人口数量达到较大规模的乡村集镇为主；因通常有过境山路穿过，易沿不规则的交通线路分散发展，聚落形态自由，包含分散团块状、树枝状等；包括泸定县杵坭镇、康定市前溪镇、九龙县烟袋镇等	
模式图示	泸定县杵坭镇	九龙县烟袋镇
	杵坭镇（2000年）	杵坭镇（2022年）
类型二	特征描述	
轴向填充式	该类城镇多位于岷江、大渡河、雅砻江的中下游沿岸，选址于山体坡面的扇形或条形台地之上，坡度、高差较小； 一般形成背山面水的空间格局，因山岭、河流两侧限制，可利用土地有限，因而规模中等或较小、边界规整，且发展初期位于台地一侧或正中央，以便保有集中、较大的可耕地，后期发展可能因人口增长突破耕地边界限制，向外填充剩余可用台地； 包括茂县叠溪镇、泸定县磨西镇等	
模式图示	茂县叠溪镇	泸定县磨西镇

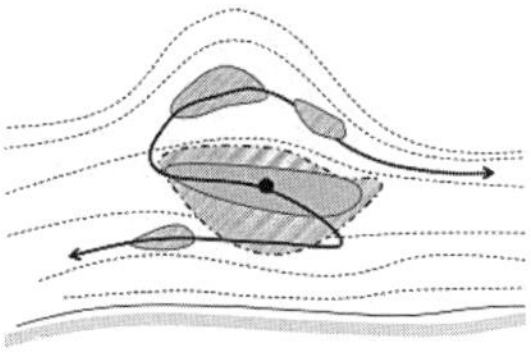

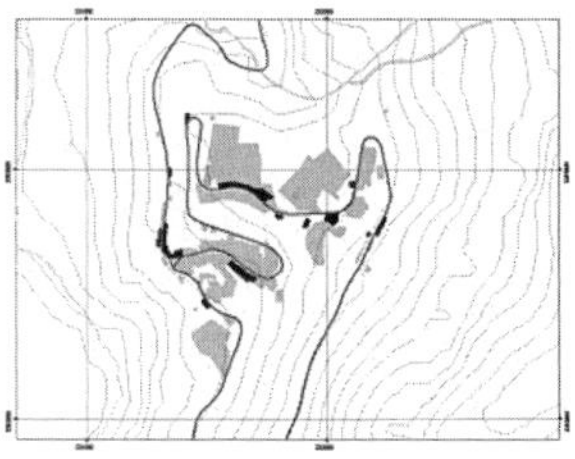

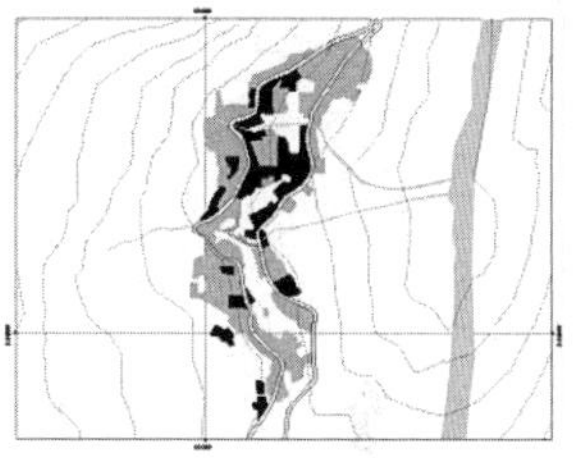

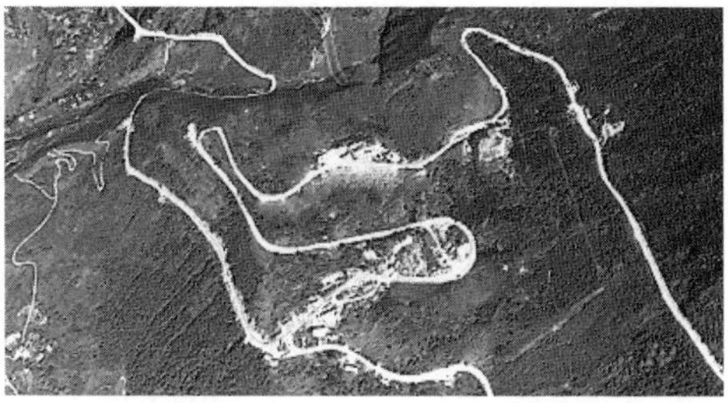

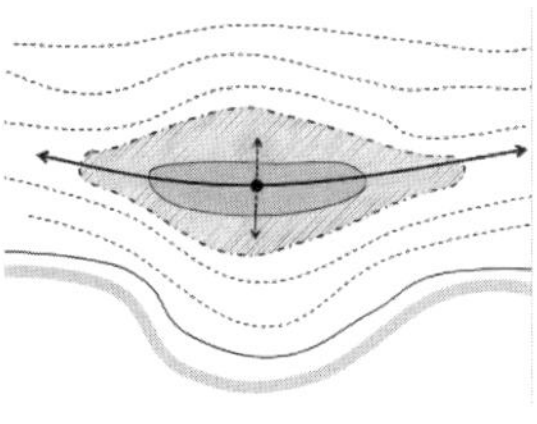

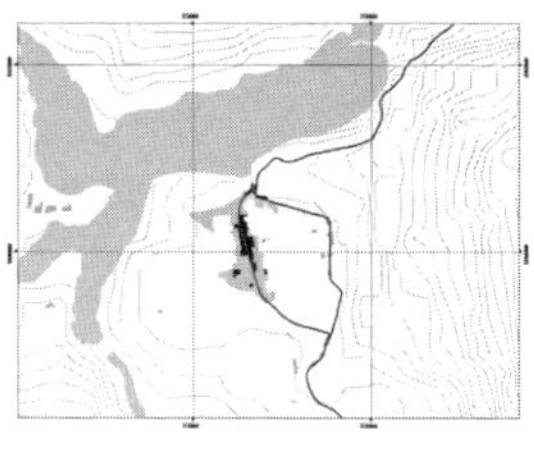

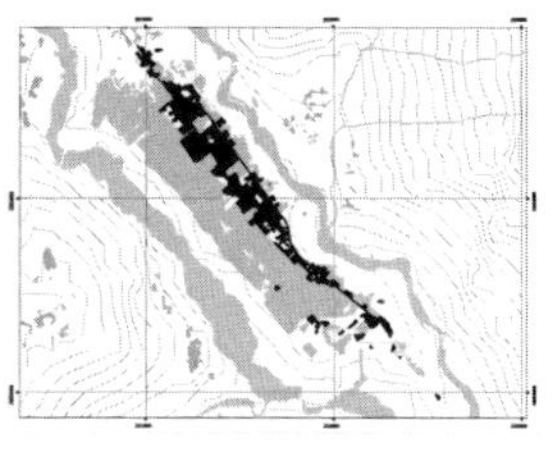

续表

地形环境	山坡台地
磨西镇（2005年）	磨西镇（2022年）

第三章
甘孜州典型传统聚落风貌

川西北高原因历史与地理原因形成的亚文化区域,以甘孜藏区独特的康巴文化最具代表性和影响力。本章以贡嘎山周围的木雅藏族村落和乡城县香巴拉镇村落为例分析研究其风貌特色。

第一节 木雅藏族村寨聚落风貌

木雅藏族为康巴藏族支系,以贡嘎山南北延伸的主脊线为界可分为东、西两个族群。因其语音有细微差异,被学术界划分为木雅藏族东、西方言群体。[1]东部区域木雅藏族受汉族文化的影响明显,而西部区域则受藏族文化的影响较多。[2]基于此,本小节选择木雅藏族东、西部方言区六个国家级传统村落作为样本村落进行比较研究。从村落自然景观、村落物质文化景观、村落非物质文化景观几个方面得到的木雅藏族传统村落景观现状情况如下:

一、传统村落自然景观

1. 村落选址特征

少数民族传统村落的选址反映了村落先民对于区域自然环境的适应行为。木雅藏族东、西部方言区传统村落的选址存在明显的差异性特征,如表3-1所示,西部木雅村落皆为高原河谷型,东部木雅村落皆为山腰缓坡型。

木雅藏族东、西部方言区传统村落选址类型　　　　表3-1

区域	选址类型	典型卫星图像
西部木雅	高原河谷型	 

---

[1] 格勒. 木雅藏族的形成及其族属考辨[J]. 康定民族师专学报, 1988: 14-21.
[2] 李璟. 对木雅藏族的民族学与历史学考察[D]. 成都:四川大学, 2006.

续表

区域	选址类型	典型卫星图像
东部木雅	山腰缓坡型	

（来源：作者依据谷歌地图自绘）

西部木雅传统村落日头村、拉哈村和莲花湖村选址地皆属高原河谷，自然条件优越。贡嘎山西坡河谷宽阔平缓，地势起伏小、水流缓慢，取水方便。村落与水系相邻，便于村民日常生产生活用水；背靠山谷，利于采薪。平坦的地形和稳定的水源也有利于形成集中连片的农田，平缓的高原丘陵、蜿蜒的河水、大片的青稞农田和成群的牦牛成为康定的名片，河谷自然山水与点缀其间的民居共同形成了当地传统村落独特的景观风貌（图3-1）。高原河谷地区基础交通建设也更易推进，随着近年康定旅游业的发展，除各大旅游景点外，独特的高原藏区景观风光也吸引了大量旅客驻足欣赏。

木雅族人在五六百年前迁移到贡嘎山东坡时，本就稀少的平坦地区已有原住民，因此他们退而求其次选择高山中部的缓坡地带营建村落。东部木雅传统村落俄足村、猛种村和木耳村选址皆属高山缓坡型。村落选址处地势起伏大、水流湍急，村道未通时下山取水就要花费一小时。陡峭的地形环境也不利于开拓大片农田，因此东部木雅村落农业景观多表现为高山台地。虽然生活环境更为艰难，但相对隔离的环境也使得东部方言区木雅藏族传统村落景观得以较为完整地保留（图3-2）。

图3-1　西部方言区日头村、拉哈村、莲花湖村选址

图3-2　东部方言区俄足村、猛种村、木耳村选址

2. 村落山水林田环境

自然山水环境对于村落景观形态组织有着重要的作用。根据实地调研情况，可将木雅藏族东、西两方言区山、水、林、田和村落间的空间关系分别归纳为两种模式（表3-2），进行对比分析。

木雅藏族传统村落山水林田环境分析　　　　　　表3-2

西部方言区		东部方言区	
日头村		俄足村	
拉哈村		猛种村	
莲花湖村		木耳村	
格局			

东部木雅样本村落皆选址于高山缓坡,规模较小、集中块状布局;村落与周边林田关系为中心环绕式,与水系距离较远,呈分离状态。

西部木雅样本村落皆选址于高原河谷,村落顺应河谷地形呈组团带状布局,规模也更大;村落与周边林田关系为单侧分布式,与水系相邻,关系更为密切。

二、传统村落物质文化景观

1. 村落建筑久远度

建筑久远度是衡量传统村落价值的主要标准,同时也是评判传统村落脆弱程度的重要依据。根据地方政府资料和实地调研情况,得到木雅藏族各传统村落建筑年代(表3-3)。

木雅藏族传统村落建筑久远度　　　　　表3-3

序号	村落名称	村落建筑年代	村落建筑年代分析图
1	石棉县蟹螺乡俄足村	清代为主	
2	石棉县蟹螺乡猛种村	民国为主	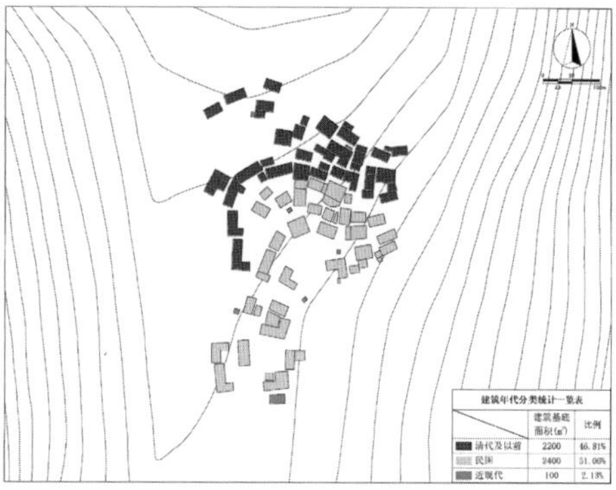

续表

序号	村落名称	村落建筑年代	村落建筑年代分析图
3	石棉县蟹螺乡木耳村	民国为主	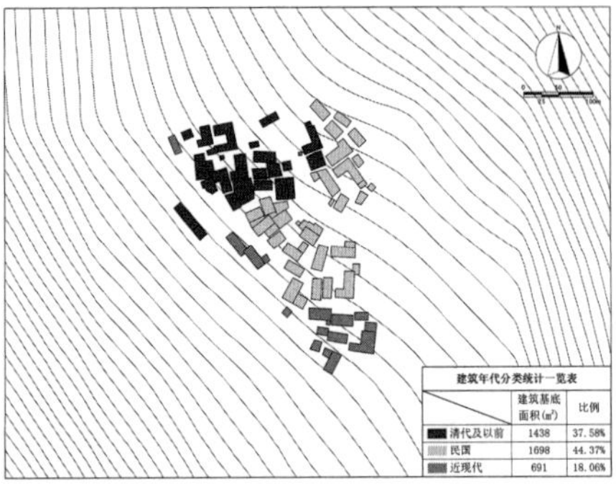
4	康定市甲根坝镇日头村	现代为主	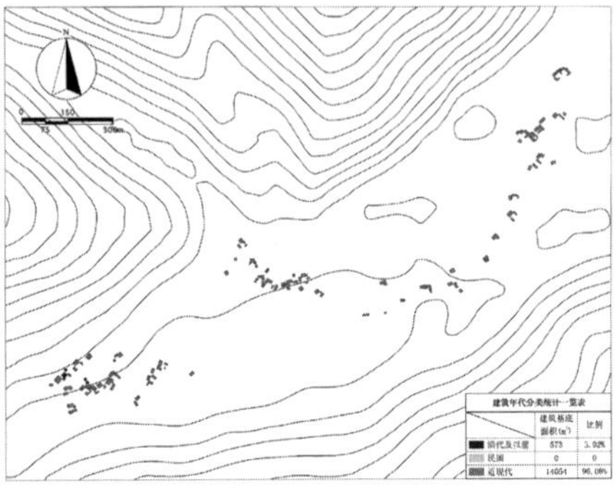
5	康定市沙德镇拉哈村	现代为主	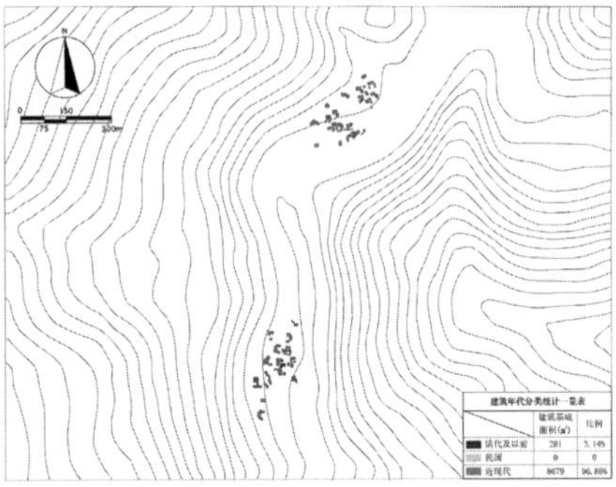
6	康定市普沙绒乡莲花湖村	现代为主	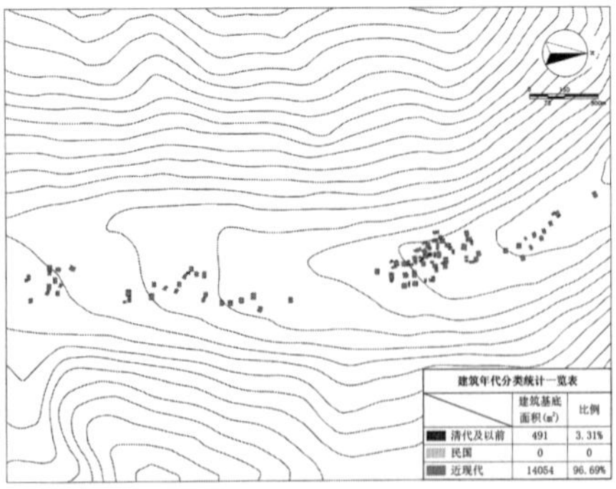

调查数据显示，东部木雅传统村落整体建筑年代更为久远，以清代或民国时期为主。俄足村、猛种村和木耳村历史建筑占比分别为56.4%、97.87%和81.94%，均高于55%。而随着村民经济水平的提高，西部木雅大部分民居建筑在20世纪90年代后陆续更新或重建。因此，西部木雅传统村落建筑群以近现代建筑为主。日头村、拉哈村和莲花湖村历史建筑占比分别为3.92%、3.14%和3.31%，历史建筑类型主要为碉楼和经堂。

2. 村落传统风貌

传统风貌是村落景观特色的一大重要表现，风貌完整与否决定了传统村落的景观质量的高低和未来发展前景的好坏。根据地方政府资料和实地调查情况，得到木雅藏族各传统村落风貌现状如表3-4所示。

木雅藏族传统村落风貌　　　　　　表3-4

序号	村落名称	村落建筑风貌分析图
1	石棉县蟹螺乡俄足村	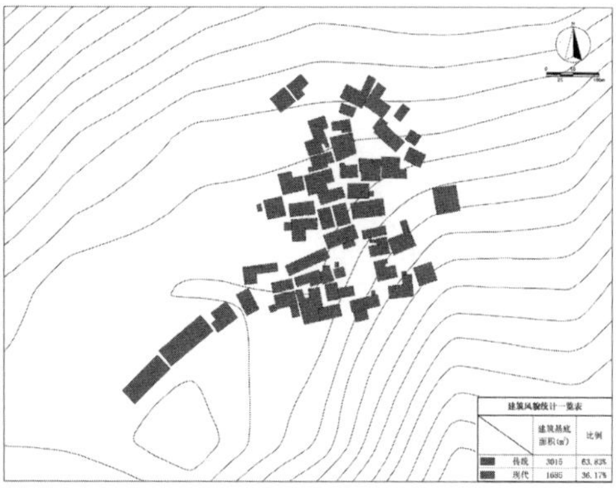
2	石棉县蟹螺乡猛种村	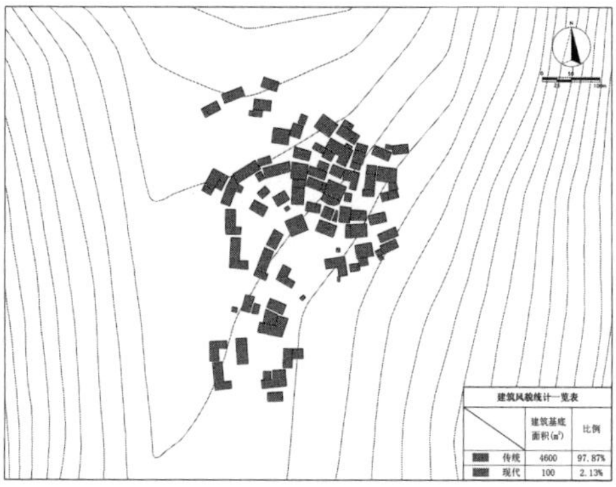

续表

序号	村落名称	村落建筑风貌分析图
3	石棉县 蟹螺乡 木耳村	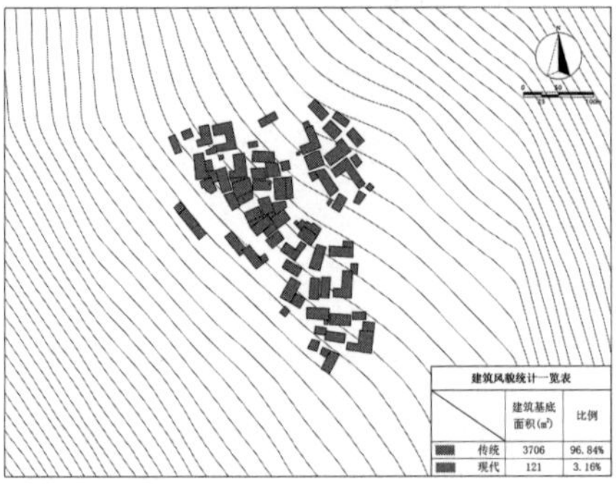
4	康定市 甲根坝镇 日头村	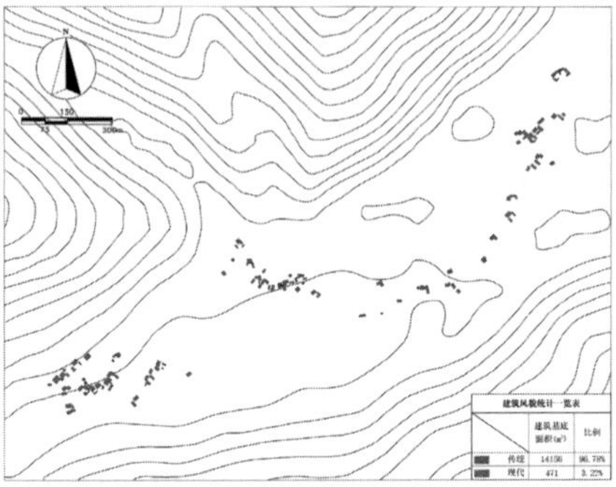
5	康定市 沙德镇 拉哈村	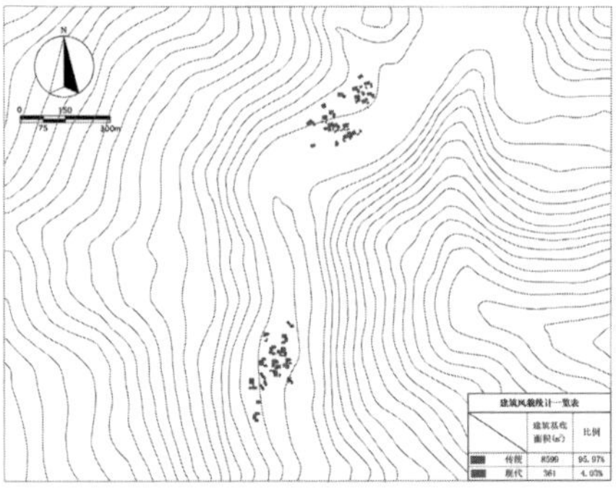
6	康定市 普沙绒乡 莲花湖村	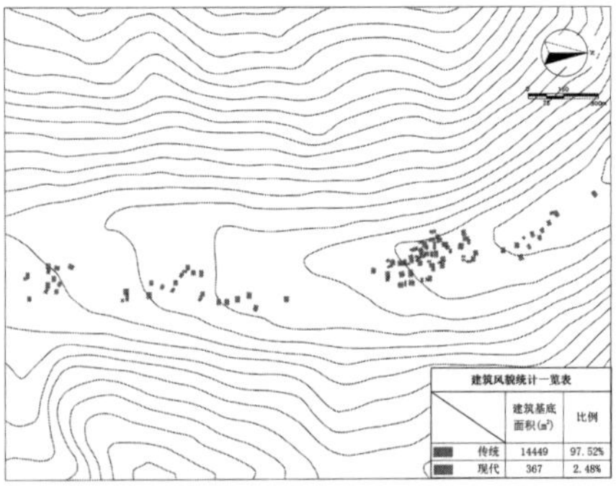

木雅藏族传统村落整体风貌保持较好，除东部方言区俄足村传统风貌建筑占比为63.83%以外，其余村落猛种村、木耳村、日头村、拉哈村和莲花湖村传统风貌建筑占比分别为97.87%、96.84%、96.78%、95.97%和97.52%，均在90%以上。

3. 村落典型建筑

在自然条件、经济状态和文化背景的影响下，木雅藏族东、西部方言区传统村落建筑差异较为明显。

（1）东部方言区

木雅藏族东部方言区传统村落建筑均为木石结构建筑，页岩石板的使用频率非常高。建筑除横檩用木材外，其余都是石材。石房墙体材料均为就地取材的石块，选用体量较大的石块作为基底，再用不规则的石块和黏土层层垒砌。墙基最宽，至上层逐渐减薄，墙截面为梯形。屋顶则挑选大小均匀的页岩石板掩盖。房屋分三层，最底层不用于居住，而是用来喂养牲畜；第二层供住宿起居；第三层存放粮食和供神。层与层之间外部以石砌楼梯相连，石梯表面也铺以整片的页岩石板，内部楼层则以木梯相连。如图3-3所示，东部方言区房屋外形朴素，分布连片集中，风貌协调统一。

图3-3　东部方言区典型建筑图片

东部方言区传统村落典型建筑特征可以概括为以下几点：

选址： 东部木雅传统村落均选址于山地平缓地带，建筑朝向顺应山势，背靠山坡、方向朝南。

建筑形象： 建筑平面多为矩形，建筑物内部承重形式多为纵向承重体系，承重的梁柱均采用当地圆木，承重墙主要是采用不加修整的块石和黏土浆砌而成。整个建筑体量较大且独栋成体，多为二层，层高较低（图3-4）。

图3-4 东部方言区建筑形象

门窗：东部方言区传统建筑的房屋门、窗均采用木质结构，高山气候寒冷，门洞尺寸普遍低矮；窗户也应保暖要求设置成"井"字形，开口空间不大。建筑水平方向一般只在正立面和山墙面开窗，背立面通常不开窗；垂直方向上，一层作为牲畜用房一般不开窗，二层为主要开窗位置，三层较少开窗。门窗较为朴素实用，少有装饰（图3-5）。

屋顶：传统屋顶在斜面以木板叠压，就地取材在木板上叠放大小均匀的页岩石板，偶尔也用玉米秆制屋顶（图3-6）。

图3-5 东部方言区建筑门窗

图3-6 东部方言区建筑屋顶

楼梯： 建筑外部多采用石砌楼梯，楼梯表面选取整片的页岩石板铺设，部分也采用木质楼梯；建筑内部则以一跑木质楼梯相连。室内外楼梯均不设扶手，由于层高较低并不显得十分危险（图3-7）。

图3-7　东部方言区建筑楼梯

（2）西部方言区

木雅藏族西部方言区传统村落建筑与东部相比外观更为华丽，体量也更大。建筑形象沉稳厚重。西部木雅建筑同样以木石结构为主，"垒石为室"，墙体全用规整的方块石料垒砌而成。屋顶有平顶屋面和坡屋面，传统木雅藏区的民居以平屋顶居多，但川西藏自治区由于雨水较多，许多民居也增用歇山屋顶。房屋分三层，一层一般情况下不作居住之用，常用来堆放草料，圈养牲畜；二层为主要起居空间，布置厨房、卧室、起居室、厕所、储藏室等，只有二层的民居一般也将经堂设置于此；三层依据各家功能要求，布置较为灵活，可以设置一些卧室，也有部分敞开作为露台，堆放杂物晾晒作物，也有将经堂设于三层，露台边放置煨桑炉等。经堂的墙面上设置壁橱，装满了经卷与各种法器，供奉神像。室内墙壁天花柱头满饰彩画，经堂和主室是房屋中极尽装饰的两个地方。上屋顶的楼梯用独木梯，在木料上开凿梯步，直接搭于楼层与底层之间。如图3-8所示，西部方言区房屋精致华丽，布局较东部地区更为疏朗开阔，整体风貌也十分统一。

西部方言区传统村落典型建筑特征可以概括为以下几点：

选址： 西部木雅传统村落选址均接近溪流或河道，便于取水。一般会选择一块靠近农田的向阳基地，通常会专门请喇嘛来选择，以免触犯宗教忌讳。

建筑形象： 房屋形状一般来说面宽大于进深，平面布局多为矩形，也有在平面基础上再在主入口的左侧或右侧延伸出来一块，形成"L"形平面变体的做法。建筑功能分层划分明确，一层堆放杂物，二层主要作居住空间，三层为经堂及晾晒谷物的晒坝。层高较低，一般为2.5m左右（图3-9）。

门窗： 门窗矮小。一般使用木门，部分用金属装饰，以平开为主，有单向开启和双向开启两种，使用门轴连接。出于保温和防御考虑，门洞尺寸普遍低矮。建筑水平方向上通

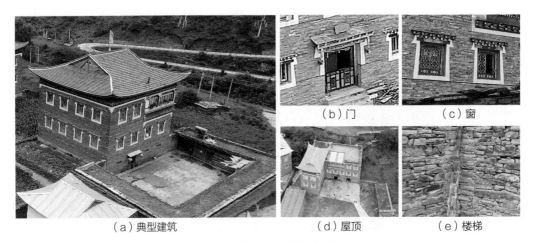

图3-8　西部方言区典型建筑

图3-9　西部方言区建筑形象

常只在正立面设大面积开窗，山墙面视情况开窗，背立面不开窗。垂直方向上，一层作为牲畜用房时，通常不开窗；二层为居民生活空间，开窗较大；三层是否开窗则视情况而定。门窗装饰是最能体现西部木雅民居特色的部分，门楣窗楣的黑白菱形纹样是西部木雅地区独有的。窗套门套采用带角牛面纹样，以白色为主（图3-10）。

图3-10　西部方言区建筑门窗

屋顶： 按形式分为平顶屋面和坡屋面，平顶屋面多为阿嘎土屋面，坡屋面则多为石板屋面或木板屋面。传统西部木雅民居以平屋顶居多，但川西藏自治区由于雨水较多，平屋顶易发生渗漏。随着汉藏交流频繁，受汉族地区建筑影响，现在西部木雅很多民居会使用歇山屋顶，或在经堂上方局部使用，以确保经堂不漏雨水（图3-11）。

楼梯： 木雅民居室内用"板梯"，为木质一跑楼梯，坡度60°左右，是为了防止牲畜上楼。室内楼梯井较大，便于背东西上下行走。楼梯不设扶手，但因为层高较小，所以使用者不会感觉太危险。上屋顶的楼梯用独木梯，这是西部木雅建筑中的一个特色构件。独木梯制作简单，在木料上开凿梯步，直接搭于楼层与底层之间，也不占空间。这种梯子移动方便，在古代战时也作防御之用（图3-12）。

图3-11　西部方言区建筑屋顶

图3-12　西部方言区建筑楼梯

4. 村落历史建筑

东部木雅三个传统村落民居基本为历史建筑，实行整体保护。本部分主要介绍西部木雅历史建筑位置、年代和考察情况。各历史建筑信息统计情况如表3-5所示。

木雅藏族西部方言区传统村落历史建筑　　　　表3-5

序号	名称	位置	年代	保护等级	外观形态
1	日头村碉楼群1号古碉	康定市甲根坝镇日头村东北部	明清	市级	
2	日头村碉楼群2号、3号古碉	康定市甲根坝镇日头村双子碉东、西侧碉楼	明清	市级	
3	日头村碉楼群4号古碉	康定市甲根坝镇日头村寺庙旁	明清	市级	
4	各家拉贡（寺庙）	康定市甲根坝镇日头村西南侧	清代	市级	
5	拉哈碉楼	康定市沙德镇拉哈村中部	明清	无	

序号	名称	位置	年代	保护等级	外观形态
6	莲花湖村寺庙	康定市普沙绒乡莲花湖村	清代	无	

日头村碉楼群1号古碉：该碉楼位于民居内部，为一座八角碉楼，底座直径约为8m，碉身高度约为11m。外部呈星形，内部椭圆形，碉顶曾修葺过。碉楼主体保存完整，墙体表面自然风化痕迹明显。碉身内凹部分不规则分布梯形射孔和小窗。

日头村碉楼群2号古碉：该碉楼为一座八角碉楼，底座直径约为11m，碉身高度约为23m。外部呈星形，内部椭圆形。碉楼主体保存完整，墙体表面自然风化痕迹明显。碉身内凹部分不规则分布梯形射孔和小窗。

日头村碉楼群3号古碉：该碉楼为一座八角碉楼，底座直径约为11m，碉身高度约为23m。外部呈星形，内部椭圆形。碉楼主体保存完整，墙体表面自然风化痕迹明显。碉身内凹部分不规则分布梯形射孔和小窗。

日头村碉楼群4号古碉：该碉楼位于日头村寺庙旁，底座直径约为8m，碉身高度约为15m。外部呈星形，内部椭圆形，碉顶曾修葺过。碉楼主体保存完整，墙体表面自然风化痕迹明显。碉身内凹部分不规则分布梯形射孔和小窗。

各家拉贡（寺庙）：该寺庙位于日头村最西侧，为当地老百姓的宗教活动场所，每年12月举行法事活动。原始壁画保存不好，几乎无法看到整幅样式。

拉哈碉楼：该碉楼为四角碉楼，碉顶曾修葺过。碉楼外部见方为6.2m，占地面积为38.44m^2，高约23m。碉楼东面底层有门，距地表两米，其他三面上下间隔10m处便有一窗口，每面共有三个窗口。

莲花湖村寺庙：该寺庙位于莲花湖村中部，为当地老百姓的宗教活动场所。原始壁画损毁较严重，几乎无法看到整幅样式。

第二节 康巴藏族村寨聚落风貌

香巴拉镇，藏语意为"神仙居住的地方"，位于四川省甘孜藏族自治州乡城县，是乡城县城区所在地。香巴拉镇以前叫桑披镇,由于处于"香格里拉生态旅游区"的核心地带,于2005年更名为香巴拉镇。香巴拉镇位于乡城县中部,是乡城县政治、经济、文化中心。香巴拉镇东与尼斯乡隔河相望,西与白依乡毗邻,北与热打乡相邻,南与青德乡接壤。全镇辖区面积232.98km²,全镇辖渔洼仲、登仲、奶奶仲、阿央仲、信沟、色尔宫、东宫、冷龙、热郎宫9个行政村21个村民小组,25个自然村,全镇耕地面积3804.6亩(约253.64公顷)。

群山、绿水、茂盛的植被、广阔的田园等共同构成了香巴拉镇城镇自然景观的基础。香巴拉镇坐落在连绵起伏的群山脚下,硕曲河由北向南纵贯全境,丰富的森林植被、立体的气候特征等形成了香巴拉镇优美的自然景观资源。犹如白珍珠的白色藏房散落在广阔的田野上,与环境融为一体,构成了香巴拉镇的标志性景观。神山、圣水、白藏房,是香巴拉镇的重要景观元素,也是香巴拉镇给人最重要的感知印象。

香巴拉镇海拔2700～3760m,地势西北高,东南低,属于河谷台地型地貌。境内有横亘绵延的巴姆神山,蜿蜒而过的硕曲河,一望无边的青稞田,这种独特的地形地貌,形成了香巴拉镇独具特色的山水格局。香巴拉镇整体地势西高东低,其中最高高程3070m,最低高程2750m,相对高差约300m。因受到地形地貌和河流走向的影响,城镇可建设用地沿山体和水系呈带状发展(图3-13)。

图3-13 香巴拉镇场地全景图

一、垂直分层的空间格局

在自然景观层面,植被随着海拔高程的变化而垂直分层,在人文景观层面,表现出以宗教信仰和人们生活方式为特征的垂直分层的空间观念。在不同层次的空间上,乡土景观体现出不同功能导向的空间特征,这些特征表现为空间布局、建筑功能、景观风貌等方面的差异①。

香巴拉镇的乡土景观随着海拔高程的变化而呈现出垂直分层的四个层次空间,即自然生态空间、宗教寺院空间、传统民居空间、田园景观空间,形成了香巴拉镇"阶梯式下降"的乡土景观空间格局①。这是当地藏民与所处自然环境长期相互作用的结果,也是地域文化观念与宗教信仰在空间上的具体体现(图3-14)。

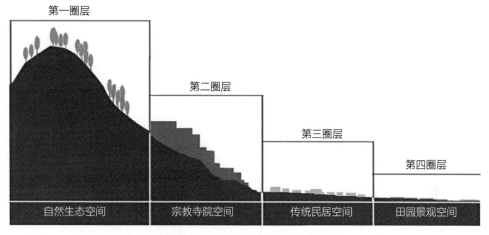

图3-14 乡土景观垂直分层示意图

自然生态空间:以巴姆神山以及山体上的植被景观为主体,是四个空间层次中最顶层的空间,是乡土自然景观的重要组成部分。由于原始的神山崇拜,当地藏民视其为神灵的居所,在这种原始自然崇拜思想的保护下,巴姆神山及其周围植被受人类活动的影响较小,并未受到过多破坏。

宗教寺院空间:以桑披岭寺的寺院建筑群及其周围的景观为主体,是四个空间层次中的第二层空间。桑披岭寺作为香巴拉镇宗教活动的重要场所,在整个空间上起着统率作用,并影响着人们活动的秩序,在香巴拉镇有着神圣不可侵犯的地位,同时也是香巴拉镇乡土景观最为神圣的部分。

---

① 李巍,李得发,冯斌. 郎木寺镇区乡土景观空间分异特征研究[J]. 小城镇建设,2013(2).

传统民居空间：以白藏房以及周围庭院、果园所构成的传统民居聚落空间为主，是四个空间层次中的第三层空间。白藏房独特的建筑形制是香巴拉镇乡土特色最直接的载体。

田园景观空间：以硕曲河及滨河田园带为主体，是四个空间层次中的第四层空间，是当地居民开辟的农田景观，是人们赖以生存的物质保证，但同时也是香巴拉镇独具特色的农业景观。

二、"大聚合、小分散"的树枝状网络空间结构

由于香巴拉镇地形地貌与生态环境的立体多样性，造就了香巴拉镇城镇聚落"大聚合、小分散"的聚居方式，并以主干道路为依托形成树枝状的网络空间结构。由于香巴拉镇的用地相对比较平缓、集中，属于高山峡谷中的河谷台地区域，这为香巴拉镇的城镇发展创造了良好的条件。大聚合、小分散也是香巴拉镇城镇化过程中，结合自然环境的结果。这种区别于其他川西高原地区的聚居方式，为香巴拉镇的发展创造了便利条件。

三、山—城—田—水相融合的景观格局

乡城县地跨高山峡谷和盆中低山地貌区，山脉纵贯、河流下切。香巴拉镇的传统民居正是生长在这样的山水环境中，呈现出因山就势、与水为邻的选址智慧（图3-15）。

因山就势——香巴拉镇的地势西北高、东南低，由于河流下切，整个镇区的聚落空间并没有呈现逐水而居的分布特点，而是依山就势，错落分布，从上而下呈三级台地分布。下为硕曲河及滨河田园带，中级台地为镇区以及色儿宫村、阿央仲村、奶奶仲村、登仲村四个村庄，上级台地为巴姆神山山间台地上的桑披岭寺。三级

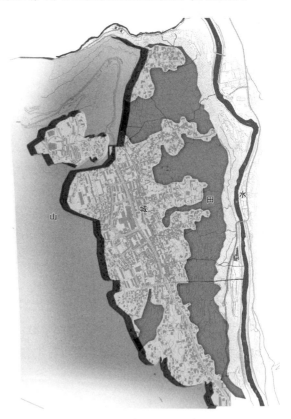

图3-15 山—城—田—水景观格局

台地形成了因山就势的立体空间格局。

与水相望——香巴拉镇的传统民居散落在广阔的田园之中，从山脚向河岸呈蔓延的趋势，由于河流下切，村落在整体上仍然与河流保持一定的距离，鲜有依水而建的村落，这使得村落布置在河流一侧，与水遥遥相望[①]。

三面环田——香巴拉镇在山水相夹形成的河谷台地地带发育，这里有较多的可耕作用地，人们视之为珍宝。聚落周边以及房前屋后均开辟为农田，整个香巴拉镇除一面背靠巴姆神山，其余三面均有农田环绕。

总体来说，整个香巴拉镇城镇民居聚落依山就势，与水相望，三面环田，呈现出"山—城—田—水"的山水格局特征与观山察水的聚落选址智慧。

蓝色的天空、深绿色的山体、白色的藏房、黄绿相间的青稞田以及蜿蜒而过的硕曲河，构成了香巴拉镇具有识别性的乡土景观形态。香巴拉镇的城镇发展一方面受到地形的限制，另一方面又与地形融合形成依山就势，山—城—田—水相融合的景观形态。巴姆神山作为香巴拉镇的生态背景，既是整个城镇的生态屏障，又承载着人们原始自然崇拜的宗教意义。依山而建的桑披岭寺，是整个景观界面的视觉中心，山脚下的白藏房呈环抱之势，簇拥着人们心中的圣地。一望无际的青稞田，是整个城镇的基底，硕曲河从田边下切，是城镇外围的景观廊道，这种山城田水相互融合的景观形态，是香巴拉镇乡土景观独特的标志（图3-16）。

图3-16 香巴拉镇现状景观格局

---

① 崔翔. 甘南藏区传统聚落空间营建智慧及启示[D]. 西安：西安建筑科技大学，2014.

四、香巴拉镇传统民居的选址与布局

1. 传统民居的选址要素

香巴拉镇的传统民居选址受到多种因素共同作用的影响,总体可以分为自然要素和人文要素两个方面。自然要素主要指自然地理条件,人文要素主要指生产生活需要、民族风俗以及宗教信仰等。

自然地理条件:香巴拉镇的地形条件较好,地势相对平缓,属于巴姆神山和硕曲河相夹所形成的河谷台地。香巴拉镇的传统民居一般都因山就势,沿着等高线布置,背靠巴姆神山,面向硕曲河,有充足的阳光和水源。

生产方式:生产方式是决定香巴拉镇民居选址的重要因素之一。香巴拉镇主要以农业为主,需要充足的耕地来满足生产生活的需要。香巴拉镇所处的地方土地肥沃,气候条件温和,利于农作物生长,同时又靠近硕曲河,有充足的水源,方便灌溉。

宗教信仰:宗教信仰是社会意识形态之一,是上层建筑的重要组成部分[①]。香巴拉镇的民居选址受到宗教思想的影响,"自然崇拜"的思想在香巴拉镇的民居选址布局中有着极大的约束作用。在早期,由于对一切未知事物的恐惧,形成了对神山、神水、神石等的原始崇拜,这种传统的宗教信仰一直延续至今[②]。在香巴拉镇的民居选址时,一般选择在离巴姆神山较近的地方,背靠巴姆神山,面向硕曲河和对面的神山,接近当地藏民所崇拜的神山圣水。宗教信仰是当地民居选址必不可少的因素。

2. 传统民居的布局特点

香巴拉镇的城镇选址在河谷的平缓台地上,其用地规模相对较大,传统民居沿着主要交通干道布局,形成树枝状的网络型布局结构。香巴拉镇的传统民居多成群布局,少则三两户,多则十几户、几十户甚至上百户,其布局特点是建筑沿着等高线横向布局,其形态结合地形自由展开,在高差起伏变化的地形上选择平坦的阶地建房[②]。建筑布局相对松散,整体呈组团式布局,每户之间留有大小不等的空地形成房前的院落和屋后的果园,周边有农田围绕。主要道路在城镇与村落周边穿过,并且延伸至每一户院落和每一户的农田里,道路系统错综复杂。

---

① 李军环. 嘉绒藏族传统聚落的整体空间与形态特征[J]. 城市建筑,2011(10):36-39.
② 李军环,谢娇. 川西嘉绒藏寨民居初探——以丹巴甲居藏寨为例[J]. 建筑与文化,2010(12):67-69.

五、传统民居平面形制特征

碉在汉代被称为"邛笼",《后汉书·西南夷传》中就有羌族人"依山居止,垒石为屋,高者至十余丈"的记载,在历史上主要用于军事防御,目前在四川横断山区的藏族、羌族聚居地区分布最为密集。碉房是碉与房宅的合称。在横断山区,碉房建筑非常普遍,但各有侧重:有些碉与房组合而建——碉矗立向上,房横向展开,如鲜水河一带的扎坝、道孚民居;有些碉与房分别独立而建,如大渡河流域梭坡、九龙一带的民居。香巴拉镇的白藏房是碉与房的融合体,保留了传统方碉的外部直线造型,墙体收分成下大上小的梯形,外墙内斜,内墙垂直,像个落地的方形楔子[①](图3-17)。

图3-17 乡城白藏房

白藏房的平面形式基本分为两种:矩形平面和"L"形平面。结构形式基本为夯土框架,少数为石砌框架。属于完全由柱梁承重的框架结构,采用"干打垒"筑成土质墙体,柱网密布排列,墙体仅作为围护结构。白藏房的大小是以柱子的多少来定的,柱子越多,房子越大,现在一般都为35～118根柱[②]。

"L"形平面的民居,一层为牲畜间,室内为粗糙圆柱,一般没有窗户。二层以上为居住空间、经堂、敞间和晒台,其中居住空间主要有会客厅和卧室,有的也设有现代汉式的客厅,并设计了采光口。此外还有经堂,层高比其他空间大,窗户也更大,空间宽敞明亮。三层退让作晒台,用来晾晒谷物等,同时还放置了通往屋顶的梯子,使屋顶也成为晒台空间(表3-6)。

---

① 蔡光洁. 甘孜州乡城传统藏式民居的艺术特点[J]. 艺术探索, 2010, 24(4): 39-41.
② 郝晓宇. 宗教文化影响下的乡城藏族聚落与民居建筑研究[D]. 西安: 西安建筑科技大学, 2013.

"L"形民居建筑形制 表3-6

（a）总平面图

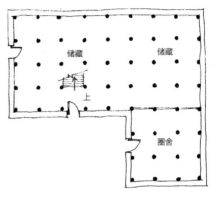

（b）一层平面图

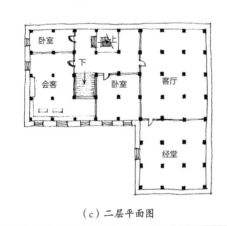

（c）二层平面图

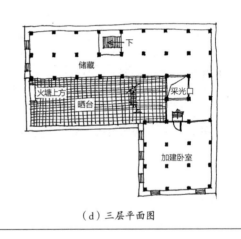

（d）三层平面图

（e）正立面图

续表

(f) 侧立面图

矩形平面的民居一层同样为牲畜圈,粗糙圆柱,没有窗户,采光较差。二层为起居室和卧室。三层平面退让出"L"形的空间形态,形成敞间和晒台,加建的新的房间为经堂(表3-7)。

矩形民居建筑形制　　　　　　　　　　　　　表3-7

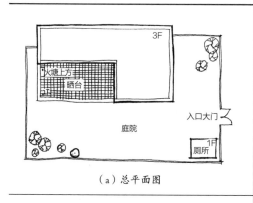

(a) 总平面图

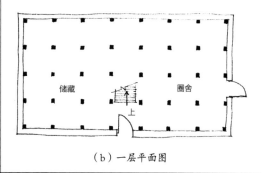

(b) 一层平面图

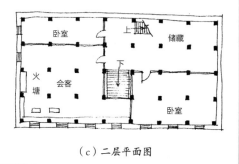

(c) 二层平面图

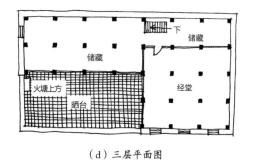

(d) 三层平面图

续表

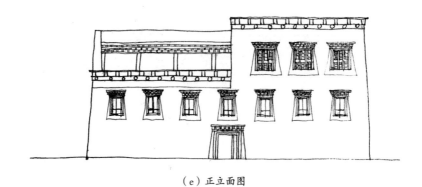

(e) 正立面图

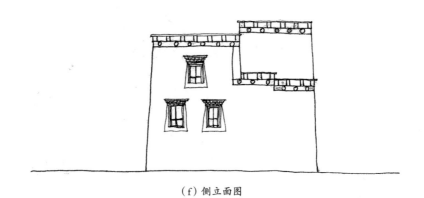

(f) 侧立面图

  香巴拉镇的白藏房一般分为三层，上层为敞间和晒台，有的设有客房，中层为起居室、卧室和经堂，最底层为牲畜间。在整个房间的中部设有楼梯，楼梯为木制，宽约1m。底层的牲畜间一般不开窗，但是新建的部分民居将牲畜圈放到院子内，底层作为堆放杂物的空间，因此底层也开设了窗户。二层的各个房间是用木板来隔开的，开设的窗户较多、光线充足。起居室，藏语为"蒙村"，是藏民餐饮会客的地方，是藏族人的正厅。正厅内设有灶台，灶台比较低矮，灶台上面的墙壁刻有日月星辰等吉祥图案。经堂一般单设，内部装饰着具有佛教含义的壁画、唐卡、佛像等。顶楼为敞间和晒台，敞间可作为储藏空间，晒台用来晾晒。白藏房的周围一般都有低矮的夯土围墙，房前屋后都有庭院，庭院里种植有各种蔬菜和水果等，形成了每户的菜园和果园[①]（表3-8、图3-18）。

---

① 郝晓宇. 宗教文化影响下的乡城藏族聚落与民居建筑研究[D]. 西安：西安建筑科技大学，2013.

香巴拉镇民居平面形制功能表　　　　　表3-8

平面形制	平面功能布局		
矩形平面形制	1F：楼梯、圈舍	2F：卧室、楼梯、客厅、火塘、卧室	3F：楼梯、储藏、晒台、经房
"L"形平面形制	1F：楼梯、圈舍	2F：楼梯、会客、火塘、楼梯、卧室、客厅、经房	3F：楼梯、晒台、储藏、卧室

图3-18　白藏房室内空间

六、传统民居立面形制特征

白藏房的立面造型简洁却不单调，单纯的立面色彩搭配上充满秩序感的装饰，营造出强烈的视觉效果。下面分别从白藏房的立面形式、立面色彩、立面装饰三个方面来分析香巴拉镇传统民居的立面形制特征。

1. 立面形式

香巴拉镇的白藏房立面形式比较简洁，外立面整体呈现出以墙体、门窗、檐口和廊所构成的三段式立面。白藏房基本为三层，立面的主要构图元素为门窗、檐口以及敞间的灰空间。一层平面基本上不开窗，有的会开设部分小窗；二层房间的开窗较多也较大，保证房间内部的采光充足；三层向内退让形成敞间和晒台，敞间上的"廊"空间使立面空间产生了虚实对比的空间感。屋顶形式不同于其他藏式民居的出檐悬挑式平顶,而是整体沿外墙向上延伸2~3m,突出了碉房的特色。檐口以重复的构图方式横向展开,强化了立面构图的秩序感。白藏房整体下实上虚,给人坚实厚重的感觉(表3-9)。

立面形式分析　　　　　　　　　　　　　　　　　表3-9

民居层数	主要构图元素	立面形式	虚实变化
一层	门		
二层	窗	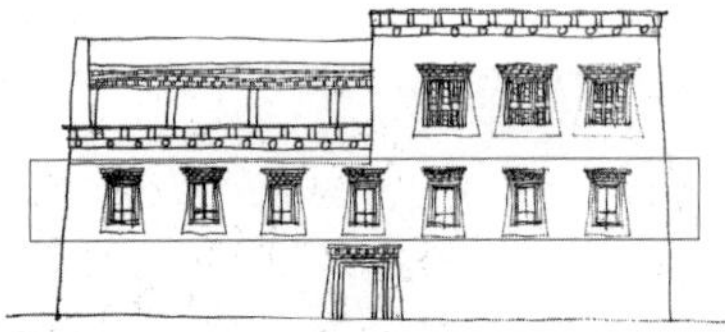	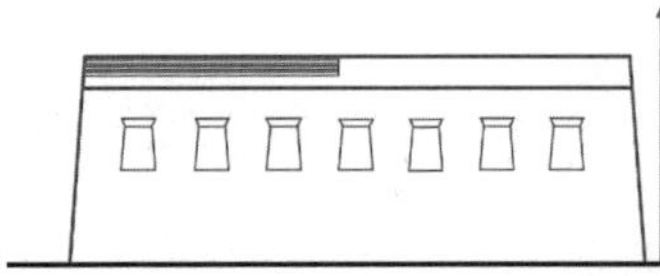 虚/实
三层	檐部与廊	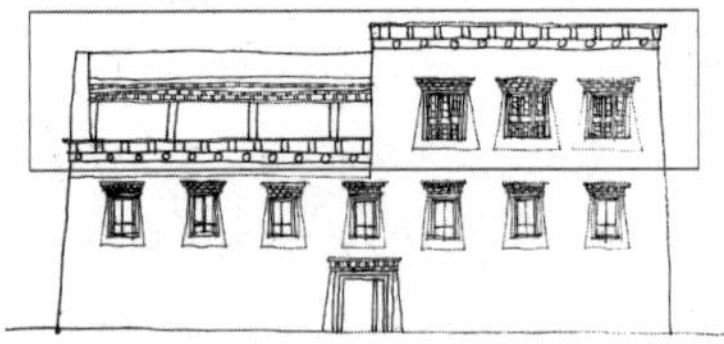	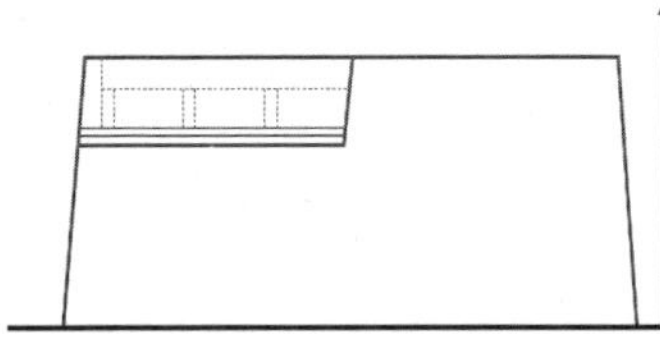 虚/实

2. 立面色彩

影响香巴拉镇传统民居建筑色彩的因素主要是宗教文化和自然环境。香巴拉镇传统民居的主体色彩是白色,这是采用"阿嘎土"作材料浇筑而成的。"阿嘎土"是用具有地方特色的白色黏土加水制成,然后掺上白面、牛奶和冰糖来增加其黏性。"阿嘎土"不仅具有美化墙体的作用,还有防雨水渗透的功效,并且不容易脱落。在《藏族文化与康巴风情》一书中提到,"传说每浇筑一次,就相当于点上了一千盏酥油灯、诵一千道平安符,有祈求吉祥幸福之意[1]。"选择白色为建筑主体色彩充分体现了香巴拉镇的藏民对白色的崇拜。除了墙体的纯白,白藏房在顶层围墙的转角处,还都竖立有白色的石头,这不仅是原始自然崇拜的体现,也有防止不祥之物在屋檐停留的作用[2]。

---

[1] 阿绒甲措,噶玛降村,麦波. 藏族文化与康巴风情[M]. 北京:民族出版社,2004.
[2] 蔡光洁. 甘孜州乡城传统藏式民居的艺术特点[J]. 艺术探索,2010,24(4).

白藏房的门窗装饰色彩主要以金黄色为主，红、橙、蓝、绿等多种高纯度色彩相互穿插，呈现出极度的高贵与华丽①。这种色彩选择与乡城人所信仰的格鲁派有着重要的联系。

3. 立面装饰

（1）窗的装饰

香巴拉镇白藏房的窗户装饰非常讲究。白藏房的窗户一般为木制彩绘窗户，每一层因其室内不同的空间功能而设计数量不等的窗户。每扇窗户都采用相同的样式和色彩，窗户大小也基本相同，经堂的窗户一般比其他房间的大。窗框上出挑"三椽三盖"，所谓"三椽三盖"就是每扇窗的窗楣处装饰的2~3层短椽，外挑七八根飞子木。"三椽三盖"的出挑使平直的墙体增加了凹凸变化的立体感，白色的飞子木在深红色的短椽上呈现出连续的图案，类似于佛教艺术中常用的联珠纹，具有强烈的秩序美感①。在窗子左、右、下三边，都饰有黑色的边框，由下到上呈收分的梯形，这是当地藏民对牦牛崇拜的体现。这种黑色外框的装饰与寺院建筑相同（图3-19、图3-20）。

图3-19　白藏房窗的装饰

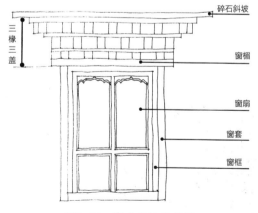

图3-20　窗户构造示意图

---

① 蔡光洁. 甘孜州乡城传统藏式民居的艺术特点[J]. 艺术探索，2010，24（4）.

(2) 檐口及屋顶装饰

白藏房的檐口采用方和圆横向不断复制的构图方式进行装饰，白色的方形和圆形图案有秩序地出现在深红色的墙体上，给人强烈的视觉秩序感。有些白藏房会在方形和圆形之间以黄色的横向线条分隔。这种方圆结合的装饰符号被大量运用，也出现在玛尼经房和有些院墙的装饰上。白藏房的屋顶形式不同于其他藏式民居的出檐悬挑式平顶，而是整体沿外墙向上延伸2~3m，形成了无檐的半封闭式屋顶，突出了白藏房向上的张力。屋顶的主要功能是储藏粮食和作为晒台，另外还具有瞭望台的作用。屋顶的转角处都竖立有白色的石头，并筑有高出墙体0.5m的墙垛，且在上面插立经幡，这代表了当地藏民想要近距离接近天神的美好愿望（图3-21）。

 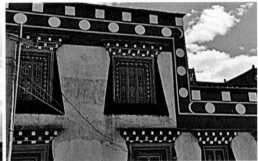

图3-21　白藏房檐口及屋顶的装饰

(3) 门饰

香巴拉镇传统民居的大门为单开扇的门，门框部分层层退进，并在门框上方采用白色方形横向不断复制的处理手法进行装饰，有的以雕刻花纹或者悬挂织物的方式进行装饰。门扇以朱红色为主，局部以白色和蓝色点缀。另外，当地藏民还会将日、月、万字符等图案画在门扇上（图3-22、图3-23）。

 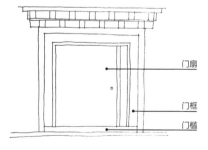

图3-22　白藏房的门饰　　　　　　　图3-23　门构造示意图

七、传统民居内部空间功能与秩序

香巴拉镇白藏房内部空间的功能布局主要与当地藏民的宗教信仰有关。受到佛教思想的影响，香巴拉镇白藏房的功能空间主要分为两类：神圣空间和世俗空间。神圣空间主要是经堂、火塘空间、挂立经幡的屋顶；世俗空间主要是人的居住空间、牲畜间以及敞间、晒台等空间。

牲畜圈——牲畜圈是传统民居建筑的重要组成之一。这种把牲畜圈置于居住空间内部的做法，是受到原始自然崇拜思想的影响。牲畜圈居于底层，人居于中间层，并在一层平面设置人的出入口和牲畜出入口，这样可以很好地将人的活动流线和牲畜分开，起到很好的空间隔离作用。

正厅——正厅是藏民日常活动的主体空间，可进行会客和日常的家庭活动，还兼具厨房的功能。正厅中的火塘是整个日常活动的中心。高原地区气候寒冷，人们的日常生活都离不开火。火塘的基本功能是炊事、取暖和照明，后在漫长的发展过程中被赋予了丰富的宗教意义和文化内涵。火塘所在的空间被视为整个建筑中最重要的空间之一。火塘周围的座位秩序，是家庭与社会组织结构的空间反映。藏族一般男性坐在火塘的"上方"，女性坐在火塘的"下方"，这种尊卑关系是按照方位与性别划定的。火塘作为凝聚活动的核心，自然成为建筑空间的核心，当火塘这种居住的生活意义与宗教、祖先崇拜等文化意义结合起来以后，滋生出的文化意义对建筑营造的影响更加深远。

经堂——经堂一般单独设置，供家庭佛事活动使用，也是家中僧人读经诵文、起居饮食的地方，是藏族房间中最神圣的地方，也是花费心思财物最多的地方。经堂内金碧辉煌的壁画、精细艳丽的唐卡、形态各异的佛像乃至精雕细琢的柱头都包含着博大精深的佛教含义[①]。

屋顶——屋顶空间主要由敞间和晒台组成，敞间是屋顶上的一个半室外的灰空间，用来堆放粮食和杂物等，晒台主要用于晾晒粮食。同时当地藏民们也会在屋顶的转角处竖立白石，并在屋顶砌筑经幡台，屋顶空间同时也是一个重要的宗教场所。

院落——香巴拉镇的民居大部分为封闭院落，一宅一院，院落空间由居住建筑主体和院墙限定，院墙是私密空间和公共空间的界线。根据民居建筑平面形式的不同，院落呈现不同的形式，由于受到地形的限制，院落一般鲜有方正规矩的形态。院墙一般是围栏或者矮墙，墙高2m左右，院里植有各种蔬菜、鲜花，有后院的便种植核桃树、藏李子树、桃树、葡萄、樱桃、苹果。院落是家庭内部生活空间的一个重要组成部分，庭院内常布置厕

---

① 卓玛. 住着神灵的白藏房[N]. 甘孜日报（汉文），2006-2-15（003）.

所、专供牲畜使用的小厨房、打谷场等功能空间，是人们生产生活的重要场所。

佛教的三界理论影响着香巴拉镇建筑空间的功能秩序。当地藏民认为上、下是最重要的空间位置，居于最下层的是牲畜，居于中间的是人，居于最上层的是神。因此，白藏房内的空间关系也是按照这一结构建构的。这种居住空间的秩序性反映了香巴拉镇藏民们严格的空间观念（表3-10）。

香巴拉镇传统民居内部空间序列示意表　　　　　　　　表3-10

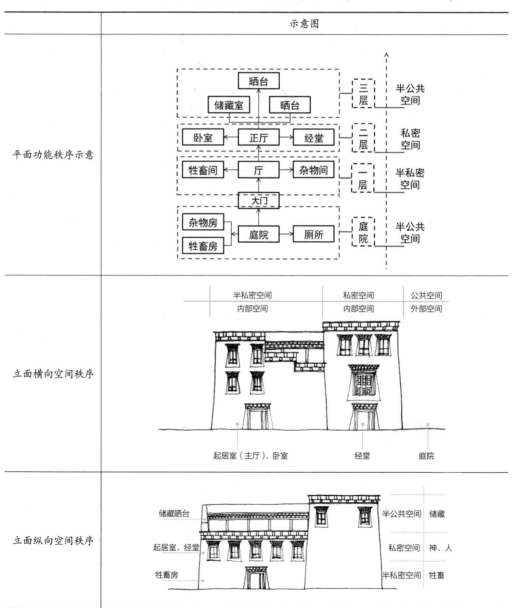

第四章
阿坝州典型传统聚落风貌

第一节　阿坝州杂谷脑河流域羌族传统聚落风貌

羌族作为我国西部古老的少数民族，有"云朵上的民族"之称，他们世代繁衍生息的传统聚落承载着悠久的民族文化和记忆，其空间格局反映着羌族人民千百年来与自然和谐相处的生态智慧，具有重要的研究和保护价值。杂谷脑河流域，是岷江上游南部最重要的支流之一，是阿坝州羌族聚落最集中的区域，被誉为"国家级羌族文化生态保护实验区"。其发源于理县与马尔康县交界的鹧鸪山南，自西到东横穿理县、汶川县西北部，于汶川县城汇入岷江。

一、传统聚落选址及分布规律

1. 聚落选址

杂谷脑河流域羌族传统聚落选址从海拔高度上可分为河谷区域聚落、半山区域聚落和高半山区域聚落三种类型。

河谷地区海拔1400~1750米，聚落通常都选址于河谷的台地，融水与河流冲击形成的平坝，拥有得天独厚的自然环境，水源充足、土地肥沃、交通便利。由于区域适宜耕地的区域稀缺，建筑群通常布置在无法用于耕种的岩石坡上，聚落布局沿等高线展开，因地制宜沿山势变化起伏形成富有特色的区域景观。聚落腹处通常有小溪从山谷留出，战争时期沿小溪形成天然的撤退路径，如表4-1所示。河谷聚落虽土地资源紧张，但适宜耕种，交通便利、贸易相对发达。

杂谷脑河流域河谷地区聚落选址　　　表4-1

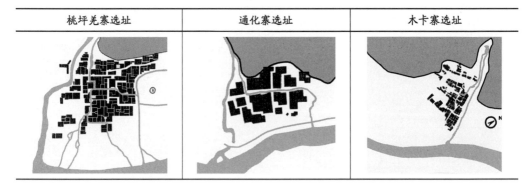

| 桃坪羌寨选址 | 通化寨选址 | 木卡寨选址 |

半山区域聚落海拔1750~2250米，聚落垂直于等高线阶梯式布局，土地资源紧张，建筑群布局紧凑，半山区域聚落通常选址于相对缓坡处。为扩充更广的耕地面积，耕地

通常位于建筑与环境的夹角空间，以便将耕地开垦为梯田。由于区域地质环境不稳定，半山聚落选址通常避开两山之间的低洼处，以免在泥石流或地震中被松动的山体淹没。半山区域聚落选址于视野开阔地带，便于鸟瞰河谷中是否有敌人来犯以及迅速把握军情。垮坡村选址于山腰处，避过山谷线和山脊线，东侧为两山之间的低洼，视野开阔（图4-1）。

高半山区域聚落海拔2250~2750米，位于干旱河谷与高山林线之间，聚落选址时考虑地形环境的安全格局是极为重要的。高半山区域聚落利用天然的地理优势形成防御屏障，选址于山顶有缓坡和草场的附近，可耕种农作物发展畜牧业，实现自给自足的生活。高半山聚落由于地理位置偏

图4-1 垮坡村选址

远，交通不便，受现代文明侵蚀的时间晚，原始聚落风貌保存完好，如增头上寨、佳山村。

2. 聚落分布规律

从纵向上分析聚落群分布规律，海拔升高，区域内聚落数量呈先增加后减少的趋势，大部分聚落分布在半山区域，如表4-2所示，这表现了聚落分布对地形环境的适应。杂谷脑河下游区域为山谷地区，羌寨主要集中在河谷和半山，少数分布在高山区域，图4-2为研究区域河谷（1400~1750米）、半山（1750~2250米）、高半山（2250~2750米）区域格局分布图。

杂谷脑河流域海拔高度与聚落数量的关系　　　　表4-2

海拔高度	聚落数量
河谷区域（1400~1750米）	13
半山区域（1750~2250米）	19
高半山区域（2250~2750米）	4

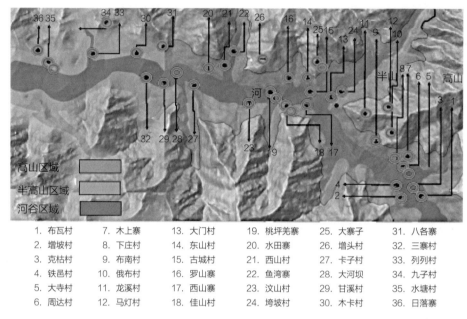

图4-2 低海拔到高海拔的多元格局及聚落分布

从横向上分析聚落群分布规律，聚落多沿杂谷脑河北侧分布。这是由于阳光照射使山体形成"阳面"和"阴面"（图4-3）。杂谷脑河流域北侧常年被阳光照射的时间大于南侧，聚落大多也分布在河流北侧，也就是区域山体阳面，表现聚落分布对气候环境的适应。

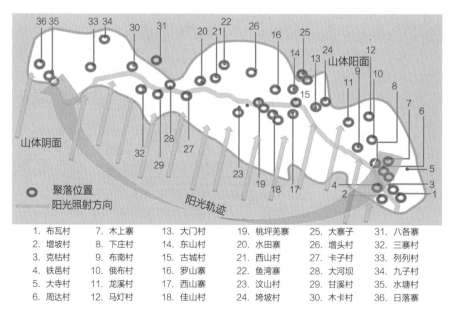

图4-3 杂谷脑河流域聚落分布与阳光辐射之间的关系

二、传统聚落形态特征

杂谷脑河流域羌族传统聚落从形态特征上可分为带状聚落、块状聚落、组团聚落三种类型。

1. 带状聚落形态特征

带状布局聚落,建筑群呈长条状,长宽比通常大于3∶1,通常具有有限的垂直纵向发展空间,只能在水平方向延伸,受地理环境的限制,可沿山脊线布局、沿山崖布局、沿水系布局、沿山谷线布局,如表4-3所示。

周达村是典型的沿山脊布局的聚落,一侧面向悬崖,另一侧面向坡度较小倾斜的农田。建筑群主沿山脊依次排开。垮坡村为典型的沿山崖布局的聚落,由于东侧为陡峭的山崖限制聚落的发展,聚落呈南北向走向布局。龙溪村是沿水系布局的典型例子,聚落被水系和山脉夹在中间,布局紧凑,房屋沿水流方向依次建造,主要街道与水系相互平行。龙门寨为典型的沿山谷线布局,这样的带状布局形式较少。

杂谷脑河流域带状聚落　　　　　表4-3

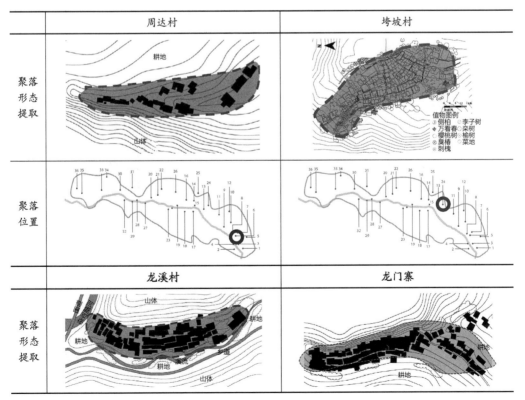

续表

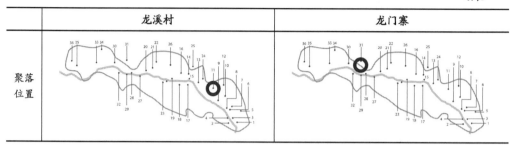

2. 块状聚落形态特征

块状聚落形态呈现明显的内聚式，聚集性强。聚落长宽差异不大，通常在横向与纵向都被地势或者河流所限，土地资源较为宽裕，以农业生产为主，如表4-4所示。通常位于河谷地区或较为平缓的半山腰地区，不具备天然地理防御屏障，易受袭击。因此建筑通常首尾相连，道路纵横相交忽明忽暗，聚落防御机制完善。虽地处平坦区域，聚落内部通常空间局促建筑密度高，防御性能高。

桃坪羌寨和大寨子为典型的块状布局，桃坪村寨在河谷地区，位于靠山面水的缓坡地区，受地形的限制形成集中聚拢式块状布局形态。大寨子为半山区域聚落，地处坡度较缓的山腰处，聚落自由发展为由块状聚落形态。

杂谷脑河流域块状聚落　　　　　表4-4

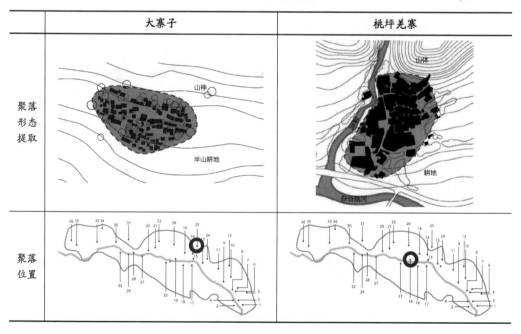

续表

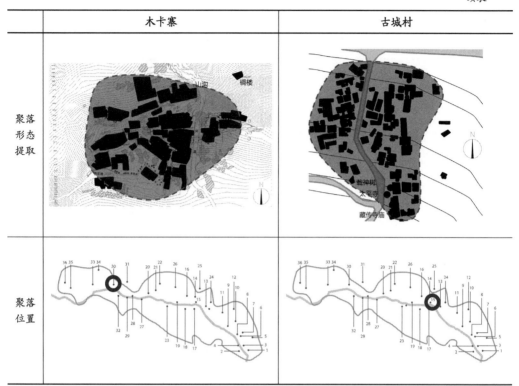

3. 组团聚落形态特征

组团式的聚落，由小聚落组成，组团之间的直线距离通常在1000m以内。它们的生产区域是相邻的，大多数具有相同的根源，是由在聚落发展过程中，通过资源配置，人口聚集自发形成的。从宏观的角度，可以看作是一个有机的整体。在防御方面，定居点中的每个小组都可以独立作战，又可相互支持，形成一个多层次，多维度的立体防御系统。

组团式聚落可以分为两种形式："中心环形布局"和"线性主次布局"。"中心环形布局"以土司所在的定居点为中心，而其他聚落则沿环形排列。其中，西山寨是"中心环形布局"的典型代表，主寨周围有三个小寨，下寨前有一个"哨碉"，这三个小寨呈三角形排列，围绕着官寨，如表4-5所示。布瓦寨是"线性主次布局"代表性聚落，通常处于上侧的聚落通常是最主要的聚落，下侧聚落通常是次要聚落，上寨居住的是村里长老或大姓氏，下寨是分居的是年轻一代或外来姓氏。上下寨地理位置上来看相对独立，但它们之间也有很强的联系。

杂谷脑河流域组团聚落　　　　　　　　表4-5

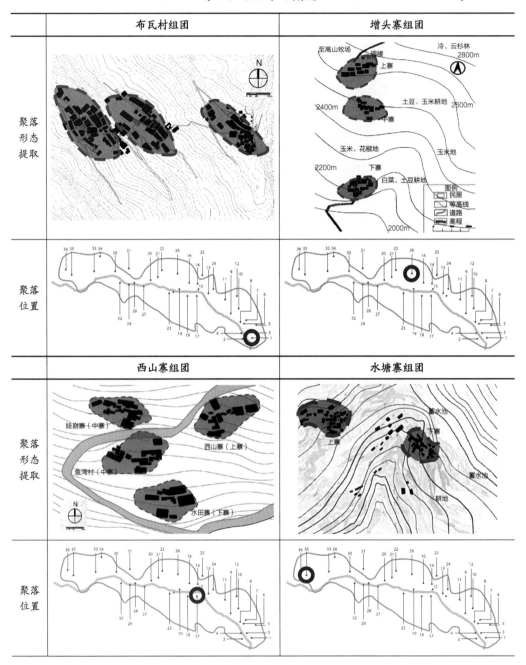

总之，聚落与地形形成整体统一，局部变化的景观效果，达到"适时应物"的聚落景观效果。建筑屋面高差与地形高差相协调，而民居与碉楼的交相呼应，形成丰富的立面形式与空间层次，呈现局部变化的效果，如表4-6所示。

杂谷脑河流域各形态聚落鸟瞰图　　　　表4-6

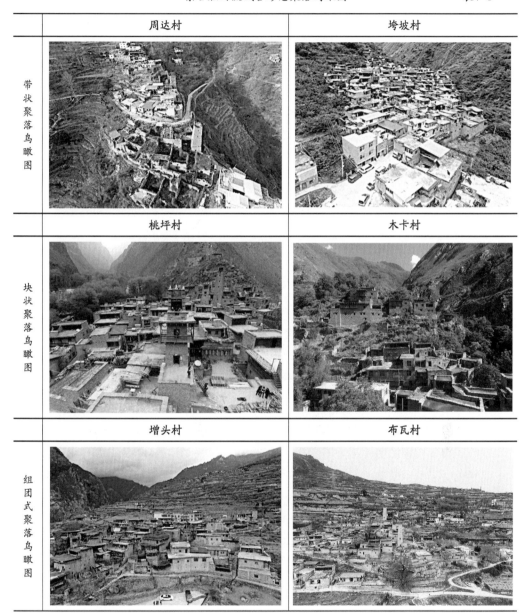

三、传统聚落内部空间类型及分布

1. 杂谷脑河流域聚落内部空间类型

聚落用地布局根据其功能的差异，可分为三种空间类型：生活空间、生产空间、精神空间。

生活空间：生活空间是由居住空间为主的，承载着居民的生活起居、交流往来活动，通常由聚落建筑群组成，呈内聚式布局特征

生产空间：生产空间为聚落经济用地，用于发展农业和畜牧业，通常以生活空间为中心，适应周围地理环境开垦生产用地。这样的布局形式可保护中心生活的居民，提高聚落的防御性能。此外，还有零星分布于生活空间的生产空间，这类生产空间提高土地资源的利用率，使建筑与建筑之间的空间得以利用起来，通常用于蔬菜的种植。

精神空间：精神空间是指聚落居民用于宗教活动的公共空间。在重大节日时，当地居民自发地聚集于此进行宗教活动。精神空间通常是古庙、载神树、神树林等所在的空间。位于聚落内部的精神空间处于地理优势明显的区域，不受其他建筑物的遮挡。位于聚落外部的精神空间，通常海拔高于聚落，在聚落内部可以看到的位置。

2. 杂谷脑河流域聚落内部空间分布

河谷区域聚落内部空间分布特征：河谷地区聚落海拔较低，地势平缓，空间布局均围绕"河流"或"道路"展开，如表4-7所示。

以道路为中心的空间布局，紧临道路的是生活空间，生活空间再向外扩散为生产空间。由于杂谷脑河流域自给自足的经济模式，生产作物多自产自销不需向外运输，因此生产空间临近生活空间，但不需要临近道路。精神空间以古庙、古寺的形式在生活空间内部。杂谷脑河流域河谷地区的木卡村、古城村为典型的以道路为中心的布局形式。

以河流为中心的空间布局，紧邻河流的是生产空间，生产空间与山体之间为生活空间。这样的布局形式是由于靠近水体的耕地便于灌溉、土地肥沃，适宜布局生产空间。精神空间在聚落内部，或紧邻聚落。杂谷脑河流域河谷地区的桃坪羌寨、通化村为典型的以河流为中心的布局形式。

杂谷脑河流域河谷地区聚落空间布局　　　　表4-7

"道路"为中心布局	"河流"为中心布局
木卡村	桃坪村

续表

"道路"为中心布局	"河流"为中心布局
古城村	通化村
特征提取	

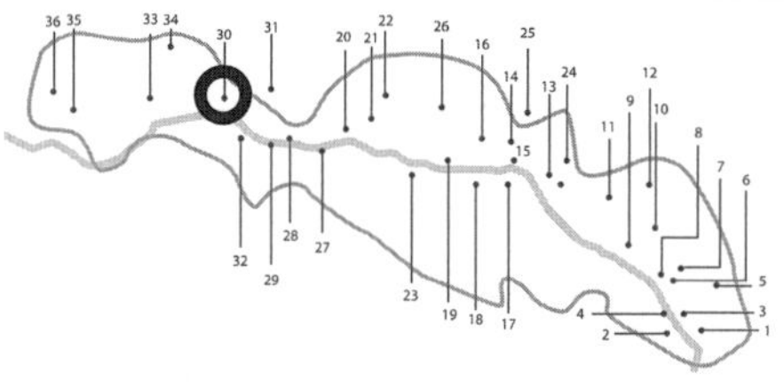

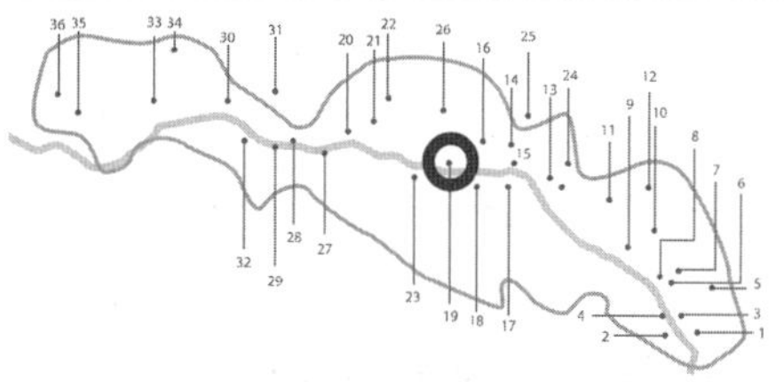

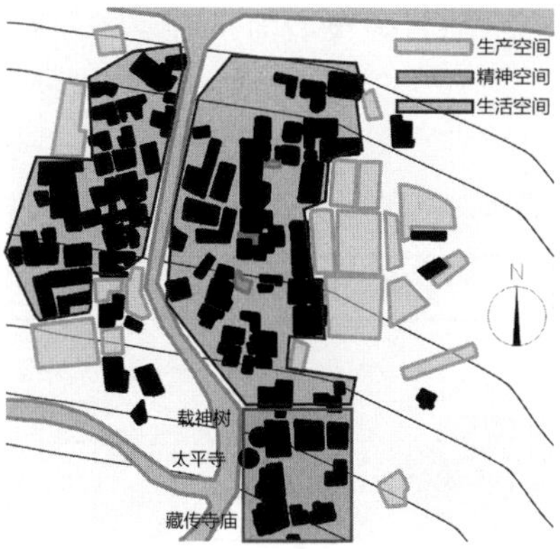

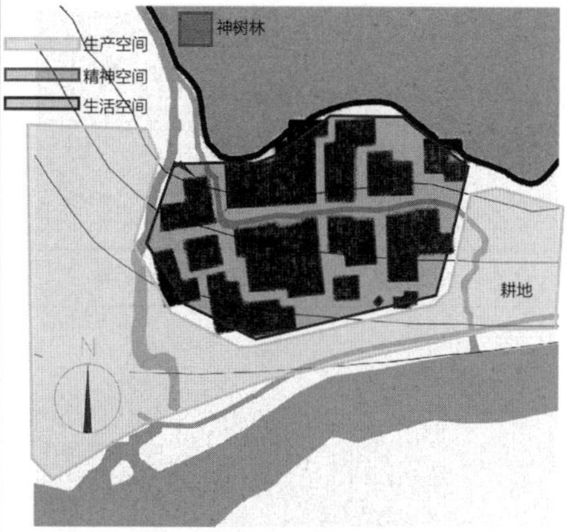

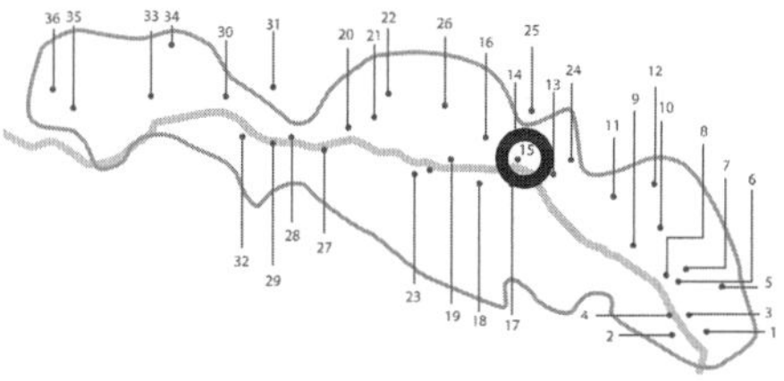

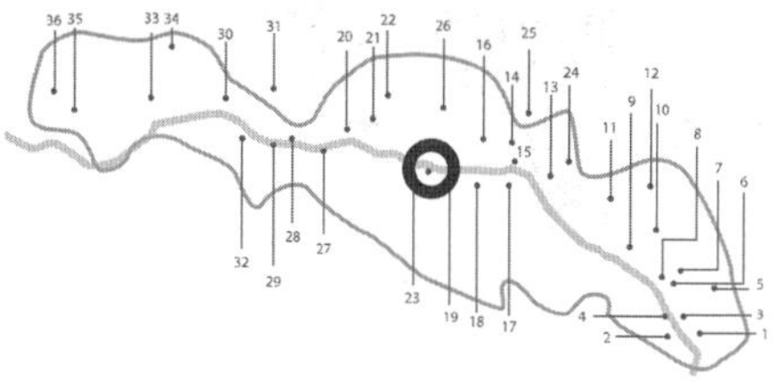

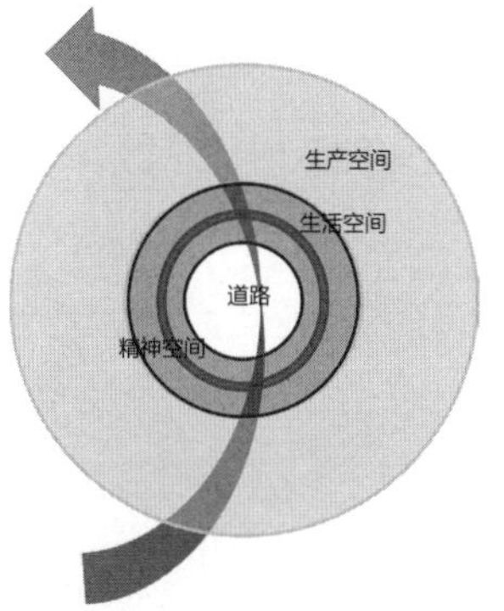

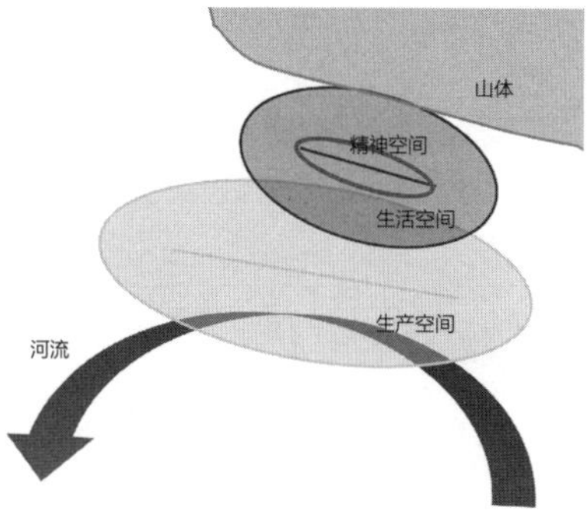

半山区域聚落内部空间分布特征： 半山区域聚落位于坡度较缓的山腰地带，分为两种空间布局形式："聚集式"和"分散式"，如表4-8所示。

"聚集式"空间布局形式的生活空间聚集度高，建筑与建筑之间距离小，聚落周围通常有悬崖峭壁等较极端的地理条件，生产空间以生活空间为中心，适应地理环境向外侧拓展，生产空间通常被开垦为成片梯田。垮坡村为典型的聚集式空间布局，东侧为悬崖，沿悬崖布置生活空间，生活空间外侧有大片梯田，为居民开垦的生产空间，精神空间位于聚落靠近悬崖处，地势较高，视野开阔。

采用"分散式"空间布局形式的聚落周围都以缓坡为主，没有极端的地貌环境，生活空间较为分散随意的布局，生产空间穿插在生活空间中。分散式的空间布局形式的生产空间通常为梯田的形式，但未连接成片。水塘村为典型的半山地区分散式空间布局。

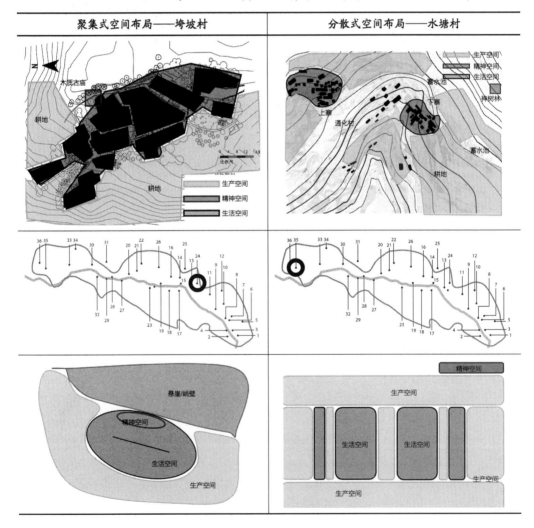

杂谷脑河流域半山地区聚落用地布局　　　　表4-8

高半山区域聚落内部空间分布特征： 高半山区域聚落位于山脊或较高的山腰处，山脊处聚落通常为聚集式空间布局，山腰处聚落通常为分散式空间布局，如表4-9所示。

高半山区域采用"聚集式"空间布局的聚落规模通常较小，生活空间地处高地。生产空间以生活空间为中心向外辐射，相比半山区域的"聚集式"聚落，生产空间不仅有耕地，在海拔较高处还有牧场发展畜牧业，精神空间为高处的神树林。周达村为典型的高半山区域"聚集式"空间布局，地处山脊，生产空间沿北侧缓坡布局，靠近聚落的为农耕用地，高海拔的为牧场用地，周达村的精神空间为牧场之上的神树林，海拔较高，离生活空间有一定的距离。

高半山区域采用"分散式"空间布局的聚落规模通常较大，生活空间分为上、中、下寨，承载耕地功能的生产空间穿插于其中，而用于畜牧的生产空间在上寨上方，精神空间穿插于生活空间中。增头寨为典型的高半山区域"分散式"空间布局，生活空间垂直于等高线分为上、中、下寨，生产空间穿插其中，上寨与中寨之间以及上寨的右侧有以寨神树为主的精神空间。

杂谷脑河流域高半山地区聚落用地布局　　　　　　　表4-9

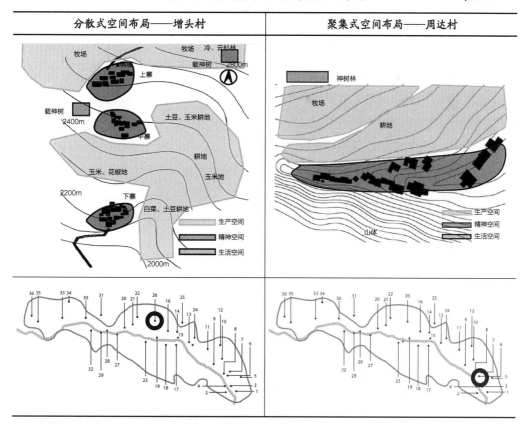

续表

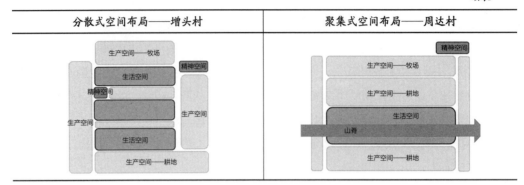

四、传统聚落民居类型

杂谷脑河流域羌族传统聚落民居的分类多基于材质的不同进行划分。《蜀中广记》之中说"故垒石为巢而居以避患,其巢高至十丈,下至五六丈。"《后汉书·西南夷传》也有记载"冉䮾者……众皆依山居止,垒室为室,高者十余丈,为邛笼。"古人对羌族民居早已做出分类:其一为石砌民居,即"鸡笼""邛笼",以片麻石砌成,其为所占比例最大的一类;其二为夯土民居,即用黄泥夯筑墙体形成的民居;其三为板屋,此类民居的屋顶为木构坡屋顶,建筑墙体为石砌墙体;其四为碉巢民居,指碉楼和石砌民居结合而成的建筑物,如表4-10所示。

杂谷脑河流域现有保存较为完好的聚落主要是石砌民居、夯土民居两种类型,其中石砌民居是数量最多的类型,如木卡村、垮坡村、大寺村等,夯土民居在数量较少,布瓦村是四川境内唯一保存完好的黄泥夯土建筑群。

本章第二节和第三节将选择黄泥夯筑羌寨代表布瓦村和石砌民居羌寨代表木卡寨,作为两种羌族传统聚落的典型村落,对其空间结构和形态特征等进行详细解析。

民居类型　　　　　　　　　　　　　　　表4-10

类型	邛笼(鸡笼)	土屋	板屋(阪屋)	碉房(碉巢)
构成	石砌民居	夯土民居	木构坡屋顶与石砌民居的结合体	碉楼与石砌民居的结合体
区域内状况	大量出现	仅布瓦村	未出现	已损毁
示意图				

第二节 阿坝州羌族布瓦村寨聚落风貌

一、聚落概貌

布瓦村位于四川省汶川县威州镇，处在岷江上游与杂谷脑河交汇处附近的高半山坡台地上，海拔1970～2160m，为南温带半干旱季风气候。

村寨形成以碉楼为核心，民居建筑、道路水网等依附或围绕碉楼而建的空间格局；布瓦村背山面水，碉楼林立，易守难攻，外围以东的南北走向山脊与以北的东西走向的山脊共同形成一道天然的防御屏障（图4-4）。

图4-4 布瓦村村寨山水格局示意图

"布瓦"一词音译于羌语，意为"黄泥土峰"，也是该村最大的特色。这里拥有全国唯一的大型黄泥夯筑建筑群落，以独特的黄泥古碉群落和黄泥民居建筑闻名于世。

布瓦村的建筑群分布，由西至东地势呈逐渐增高的态势，东西长4000m，南北宽3000m。根据其分布特点与高程情况，可分为四个村民小组，其中一组、二组民居相对集中且保存较为完整。古民居集中于一组、二组，均为就地取材的传统黄泥夯土建筑（图4-5）。

在近千年的历史长河中，村寨先后修建了数百座羌式战碉，据考证明清时期建造的黄土碉楼和石砌碉楼总数达49座。根据实地测绘发现如今可辨认的碉楼及其残基共40座，其

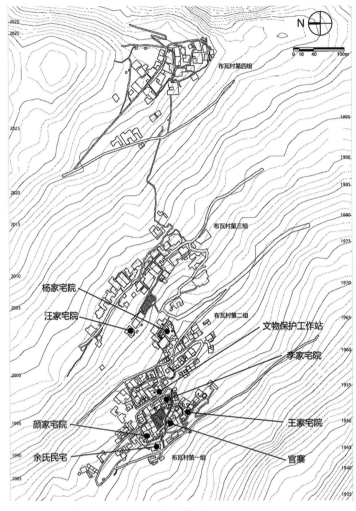

图4-5 布瓦村总平面图

中36座为黄泥土碉。布瓦黄土碉群于2006年被国务院公布为第六批全国重点文物保护单位，2008年汶川大地震使村寨遭受极大破坏，目前仅有三座古碉较完好地保存下来。

二、聚落景观意象解析

1. 布瓦羌寨道路系统

布瓦羌寨由四个组构成，其中一组、二组形成较为集中的村寨聚落，经过羌民们世代演替，逐步形成布瓦羌寨现有的形态肌理和规模，整个村寨是典型的依山而建的传统聚落，有纵横向道路之分，地形是影响聚落空间布局和道路网络最重要的因素（图4-6）。

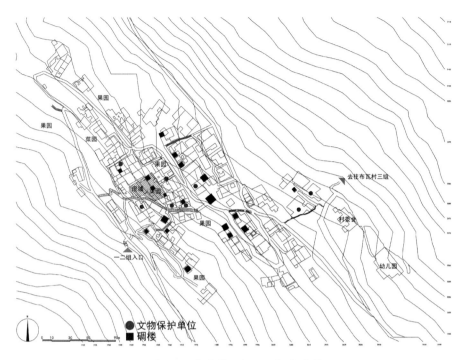

图4-6 布瓦村一组、二组平面图

横向道路顺应地形，沿山体等高线布置明显，横向道路宽度为1.2~3.5米，路面多为就地取材的碎石、砖或青石等材料，是连接黄泥夯筑羌寨建筑的最重要路径，同时黄泥夯筑羌寨建筑沿横向道路形成带状建筑群台层。沿线性横向道路行走，参观者可感知一侧的黄泥夯筑民居院墙、碉楼、堡坎，另一侧视线开阔，可俯瞰山谷中的汶川县城。纵向道路跨越等高线，联系村寨的上下交通，路面宽度为0.8~1.2米，由青石或碎石路面的台阶构成，两侧为黄泥筑羌寨建筑的山墙或堡坎，根据道路底界面D和垂直界面H的相互关系量化分析道路空间感知，纵向道路界面关系$0.10<D/H<0.21$，参观者行走在纵向道路中会感知到道路空间视线高度收束，以及两侧黄色的黄泥筑建筑山墙或绿色山体堡坎随地形的变化而变化（图4-7、图4-8）。

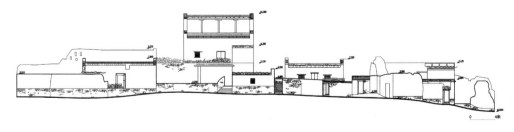

图4-7 布瓦羌寨横向道路一侧建筑立面图

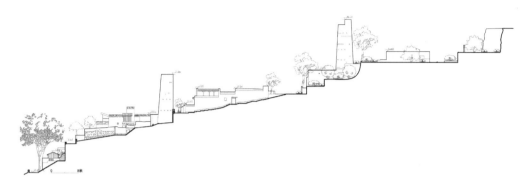

图4-8 布瓦羌寨纵向剖面图

2. 布瓦羌寨边界

边界指两个不同地区的分界线,是除道路以外的重要线性要素。它是将聚落与周边地区加以区分和围合的界限,是限定聚落范围和领域性的重要元素,同时又具有重要的社会意义和心理上的安全感和归属感,有人工边界和自然边界两种类型。聚落的边界同样在观察者的脑海中形成深刻的意象,从而使聚落具有强烈的"可识别性"。

布瓦羌寨延续羌寨"云上民族"的特点,村寨选址在高山山坡之上,受外界影响较小,与周围开垦成梯田状的田地自然相接,属于自然边界类型。汶川地震之后,随着政府对地震灾区以及少数民族地区的大力支持,在当地政府的引导下,村民将原有的种植玉米等粮食作物的田地转换成栽植品种优良的大樱桃、红脆李、清脆李等经济作物的阶梯状林地,由于布瓦羌寨具有海拔高、日照强等适应水果生长的自然条件,使当地村民收入水平有了极大的提高。布瓦村的自然边界由四季分明的农田演变成绿树成荫、防泥固土的经济林,整个村寨掩映在绿色林荫之中。

3. 布瓦羌寨区域

布瓦羌寨作为"背景"或"底色"的区域显然是占据了最大空间聚集的黄泥夯筑羌族建筑,成片依山而建的黄泥夯土建筑形成的空间肌理构成了聚落重要的景观意象。与同样用泥土为原材料而闻名的彝族土掌房聚落相比,有较大不同:①泥土材料不同,彝族土掌房采用的是黏性较强的红砂土,布瓦羌寨建筑材料为当地黄泥土。②彝族土掌房建筑层叠错落而又彼此相连,构成屋顶相互连接贯通的"屋顶道路系统",布瓦羌寨建筑是彼此隔离的平屋顶形式。

根据笔者调研测绘的大量布瓦羌寨建筑资料分析,黄泥夯土建筑均为平屋顶,因地势或主人需求不同呈多样化空间形态,但主要的核心部分或基本部分格局相同。建筑的核心部分为黄泥夯筑的方形空间，内部空间由木隔板划分，呈倒"凹"形，中间为堂屋，两侧通常为卧室，堂屋后侧为厨房和杂物间，卧室、厨房上方多数有夹层，堂屋贯通无夹层，随着主人生活需求的增加，在堂屋前侧拓展出以天井为中心的辅助用房，地形条件充分的情况下，通常还会在外围加建围墙，围合相对私密的院落空间（图4-9）。

从建筑立面上看，立面层次分明，建筑辅助用房部分高度通常为一层，建筑核心部分高度为两层，在核心部分厨房和杂物间上空平屋顶有时会加建储物空间，辅助用房（一层）—堂屋（二层）—厨房杂物间（三层）和山势地形走势基本相同，呈逐步递增的空间关系，此外建筑随地形坡度变化灵活，有时建筑核心部分和辅助用房部分还有空间错层，加剧了立面的空间层次关系（图4-10）。

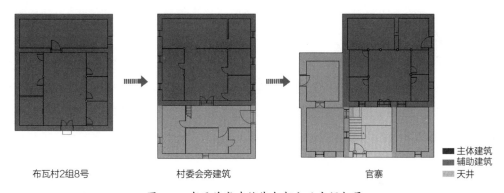

图4-9　布瓦羌寨建筑基本部分及空间拓展

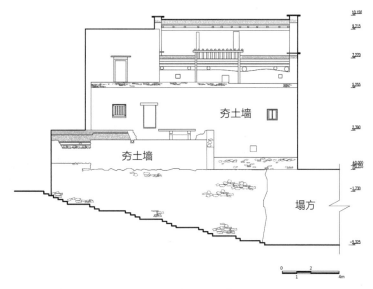

图4-10　布瓦羌寨官寨立面图

4. 布瓦羌寨节点

从调研现状来看，布瓦羌寨最显著的节点是寨门树节点，和彝族或汉族的一些传统村落相似，通常在村寨的寨门或入口处种植大树，称为寨门树。布瓦村的寨门树在村寨山腰入口处，大树形成的林荫空间，为进出村寨的人们提供绿荫的庇护，形成供人们聚集停留的节点空间。另外，由于地震灾后政府的大力支助，与新建通往外界的盘山公路相连接的，村寨的新入口设在了聚落的上端，并新建村委会等办公建筑和广场，形成了村寨的新节点。

5. 布瓦羌寨标志物

布瓦羌寨最具特色的标志物，无疑是有两千多年历史的羌碉，布瓦号称"千碉之寨"，依山而建耸立于黄泥夯筑建筑群之上的碉楼群，构成布瓦最重要的标识和景观意象。1952年，阿坝州全境获得解放后，村寨还保留有49座羌碉，由于年久失修、地质灾害等多种原因现仅余四座，有遗址可循的33座。布瓦羌碉多数属于战碉。目前保留的四座羌碉均为战碉，其中两座黄泥四角碉，一座碎石四角和一座五角碉。另外布瓦村最下端入口处，直径约2m，大约有500年历史的寨门树，也构成村寨入口的重要标识，预示村寨领域的开始，并兼具图腾崇拜等功能（图4-11、图4-12）。

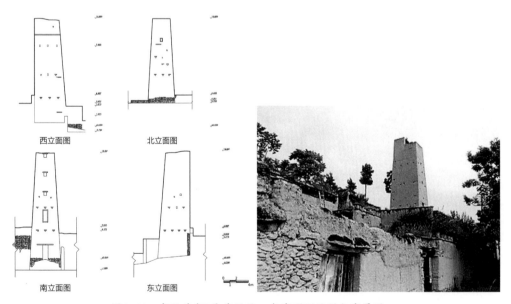

图4-11 布瓦羌寨8号黄泥筑四角战碉测绘图与实景图

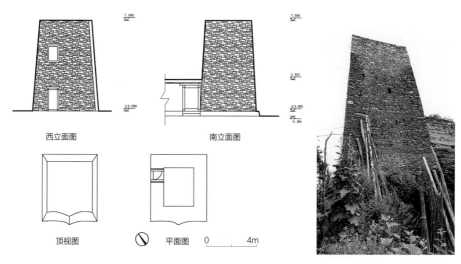

图4-12 布瓦羌寨9号碎石五角战碉测绘图与实景图

三、传统民居特色

羌族传统民居，因其材质的不同划分出不同的类型。《蜀中广记》之中说"故垒石为巢而居以避患，其巢高至十丈，下至五六丈。"《后汉书·西南夷传》也有记载"冉駹者……众皆依山居止，垒室为室，高者十余丈，为邛笼。"《蜀中广记·风俗记》引《寰宇记》说"高二三丈者谓之鸡笼，十余丈者谓之碉，亦有板屋土屋者，自汉川以东皆有屋宇不立碉巢[①]。"从以上引用可以看出，古人对羌族民居已做出分类：其一为石砌民居，作为羌族民居中所占比例最大的一类，即所谓的"鸡笼""邛笼"；其二为夯土民居，与石砌民居区别主要是材料，即用泥土夯筑墙体形成的居所；其三为板屋，此类民居是木构承重体系；其四为碉巢民居，就是碉楼和石砌民居的结合体[②]。本书研究第二类型夯土类民居的特征，而布瓦村作为四川境内仅存的黄泥夯筑建筑群聚落，具有典型性，因此将其作为主要研究对象。本书引入景观基因理论，分析布瓦村传统民居的外在表达、内在特质及其传承特点。根据其物质形态的差异，分为"显性基因"和"隐形基因"两种基因要素类型。"显性基因"识别外在表达，结构特征。"隐性基因"识别其内在特质，形成机制。从而建立布瓦村黄泥夯土民居特征的识别体系（表4-11）。

---

① 王伟嘉. 不同地域山地聚落布局形态分析——以山西方山县张家塔与四川九寨沟为例［D］. 太原：太原理工大学，2016.
② 刘沛林. 中国传统聚落景观基因图谱的构建与应用研究［D］. 北京：北京大学，2011：12-37.

布瓦村各村组民居统计表　　　　　　　　表4-11

组别	海拔（m）	面积（hm²）	传统民居数量（栋）	现代民居数量（栋）	荒废民居数量（栋）	民居总量（栋）
一组、二组	1970~2045	4.744	44	9	9	62
三组	2040~2085	3.028	29	12	10	51
四组	2120~2160	1.837	19	11	8	38

1. 布瓦村传统民居显性基因的识别

传统民居的景观要素大致可以分解为五个方面：一是建筑用材；二是平面特征；三是立面特征；四是屋顶造型；五是细部装饰。传统民居景观基因的提取，可采用元素提取、图案提取、结构提取和含义提取等方法。本书对布瓦村传统民居的显性基因要素进行识别，采取结构提取法从建筑用材、平面、立面、屋顶、细部装饰等方面进行提取。

（1）建筑用材

中国传统建筑材料以就地取材为主。布瓦村传统民居材料以黄泥为主、片石为辅，配以木贴面及门窗。这些材料建造而成的生土建筑极易与环境相协调，具有较大的蓄热性，可保证房屋冬暖夏凉，有吸放湿作用，可调节室内湿度[①]。不仅可改善人居环境，同时具有良好的生态可持续性。

在测绘过程中选取四个民居，分别在正厅、卧室、火笼房离地面1.5m处布置测点，于2017年1月8日11：00~24：00的时间段内测试温湿度，对比温度和湿度差分析其气候适宜性[②]。其中汪氏民宅和官寨为传统夯土材料；杨家民宅保留传统用材和结构，局部采用新材料；蔡氏新居为震后采用现代材料新建民居。数据表明：汪氏民宅温差5.20℃、湿度差19.90%，官寨温差1.50℃、湿度差5.90%，温度和湿度的波动幅度最小；杨氏民宅温差6.80℃、湿度差25.40%，波动幅度次之；蔡氏新居温差8.50℃、湿度差38.20%，波动幅度最大。说明传统建筑材料调节温度和湿度的能力高于现代材料，使布瓦村的建筑成为可呼吸的生态建筑（表4-12）。

布瓦村四处民居温湿度测试数据表　　　　　表4-12

	最高温度（℃）	最低温度（℃）	温差（℃）	最高湿度（%）	最低湿度（%）	湿度差（%）
汪氏民宅	9.70	4.50	5.20	75.60	55.70	19.90
官寨	4.80	3.30	1.50	75.10	69.20	5.90

---

① 阿肯江·托呼提，亓国庆，陈汉清. 新疆南疆地区传统土坯房屋震害及抗震技术措施[J]. 工业建筑，2018. (21)：4.

② 陈一，廖晨阳，王倩娜，等. 金色羌寨，云上布瓦[M]. 四川：四川大学出版社，2018：120.

续表

	最高温度（℃）	最低温度（℃）	温差（℃）	最高湿度（%）	最低湿度（%）	湿度差（%）
杨家民宅	13.30	6.50	6.80	72.20	46.80	25.40
蔡氏新居	13.80	5.30	8.50	80.90	42.70	38.20

这种建筑材料同样具有局限性，布瓦村传统民居为木和夯土的组合承重体系，限制了民居形制与结构。由于外墙承重，竖向荷载在向下传递的过程中需要各方向均匀分布，才能保证其稳定性。于是羌人创造了"口"字形的平面结构，高对称性保证竖向荷载向下传递的均匀性，同时为生产生活提供足够的空间。

（2）平面特征

受建筑材料限制，布瓦村传统民居的平面形制以"口"字形为主。在修建的过程中，以黄泥夯筑建筑外圈，木板将内部空间划分为"回"字形，满足不同功能。"回"字内部为主要起居用房。由正门进入，经过门厅、院落等过渡空间直达处于中间区位的正厅，两侧为卧房，内侧为柴火间、厨房和烤火房等，处于从属区位。"回"字形外部与地形相结合，加建次要起居用房，如书房、磨房、鸡舍、猪圈等。

以"回"字为基本单元，传统民居形成两种不同的组合类型。其一为庭院式：加建的次要起居用房形成单栋建筑，与主体建筑以"L"形、"凹"字形围合，形成庭院，如王家宅院、汪家宅院；其二为防御式：次要起居用房依附于主体建筑，在"回"字形的布局形式上以木隔墙进行分割和增添，民居与碉楼共用一堵墙，形成民居与碉楼交融共生的居住模式，不仅可以节约材料，还可增强立体防御性，增强碉楼与民居的通达性，如李氏宅院和官寨（图4-13、表4-13）。

（3）立面特征

布瓦村的民居主要为2~3层建筑，一层大多为起居空间，二层、三层大多为开放的晾晒空间，以及半开放的储存空间。位于布瓦村一组入口处的官寨，为原有的三层建筑下挖一层空间，其一层为牲口圈，二层为日常起居空间，三层、四层为晾晒与储存空间。

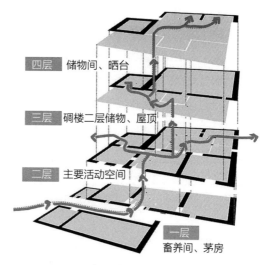

图4-13 布瓦羌寨民居典型平面分层

布瓦村民居平面分析　　　　　　　　　　　　　　　表4-13

	杨氏宅院	汪家宅院	文物工作保护站	王家宅院
位置示意图	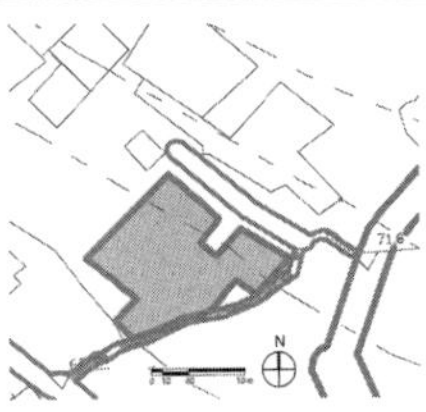	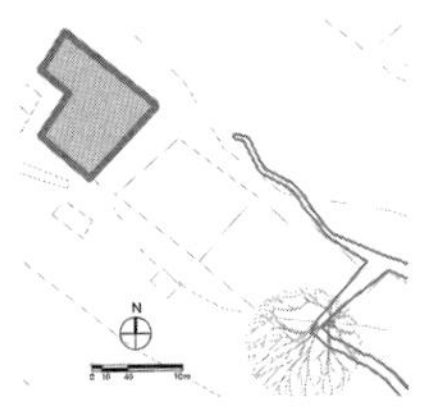	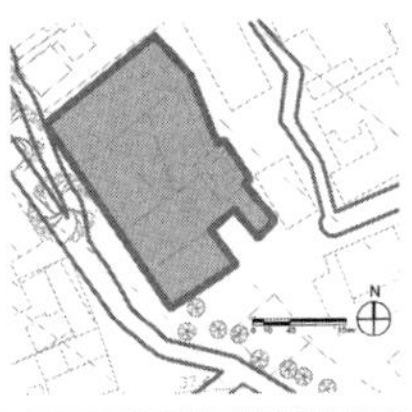	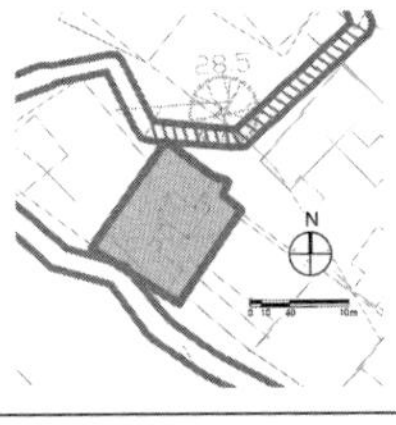
"回"字形平面形制	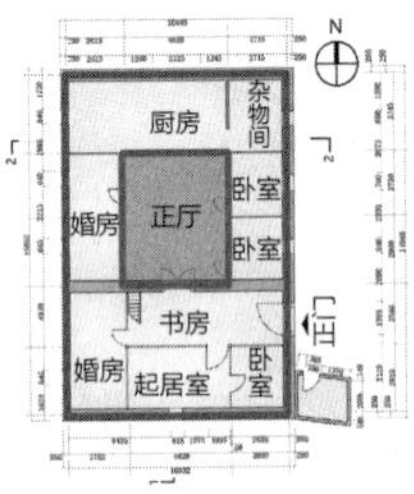	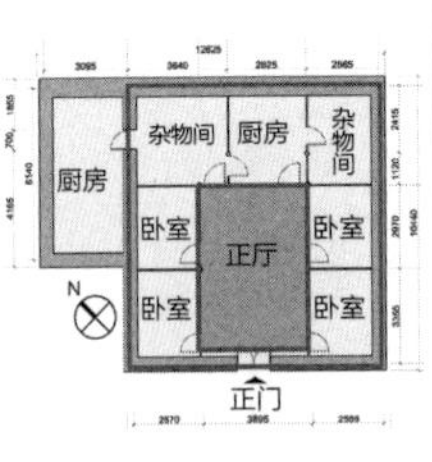	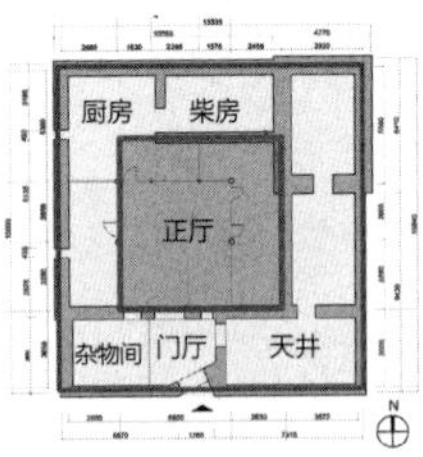	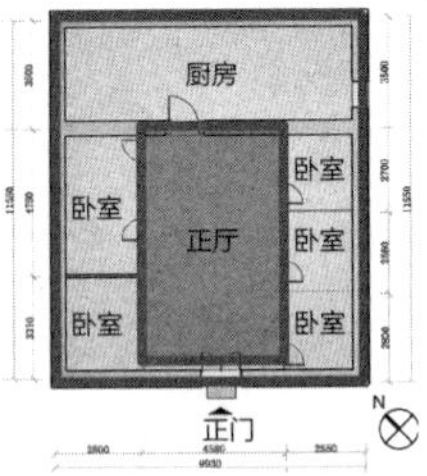
组别	第二组	第二组	第一组	第一组
海拔	1986m	1991m	1983m	1975m
朝向	东西朝向	东北-西南	南北朝向	东北—西南
现状	完好	完好	完好	完好
面积	172㎡	120㎡	240㎡	172.5㎡

建筑由黄泥夯筑的外墙在干燥成型后，墙体立面会呈现褶皱的纹理。门窗与厚重的土质肌理虚实结合，形成独特的立面风貌。除此之外，建筑单体均为退台式。建筑每往上一层，建筑面积递减形成开放、半开放空间。日常用于晾晒、人际交流和种植庭院植物。战时可满足防御要求，增加民居与民居、民居与碉楼之间的通达性。根据对布瓦村一组官寨的实地测绘，主体建筑西北角碉楼的二层与三层屋顶齐平，极大地增加了民居与碉楼之间的通达性与村寨的立体防御性。布瓦民居顺应地形形成退台式建筑，与厚重的土质肌理相结合，构成独特的立面风貌（表4-14）。

布瓦村立面图分析　　　　　　　　　　　　　　　表4-14

	东立面图	西立面图
官寨	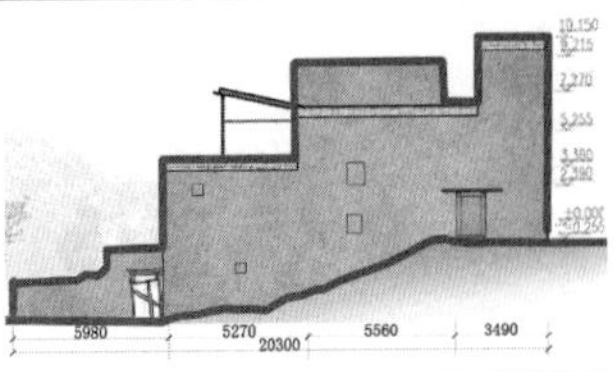	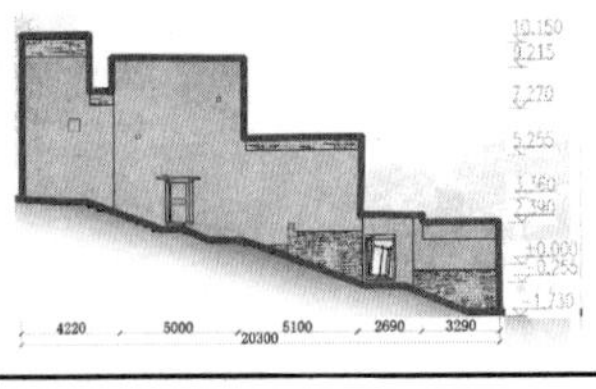

续表

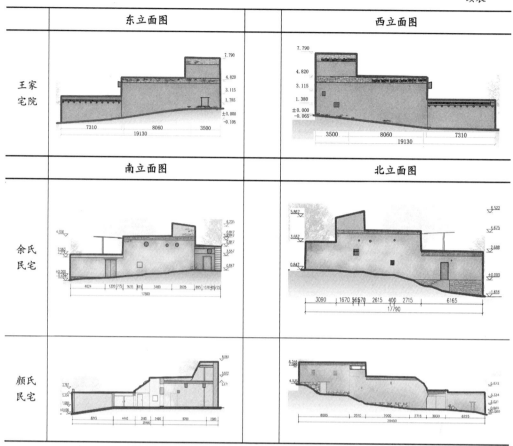

布瓦村的建筑群与地形形成整体统一、局部变化的景观效果。建筑屋面高差与地形高差相协调，使聚落与自然环境形成"天人合一"的景观效果。而民居与碉楼的交相呼应，形成丰富的立面形式与空间层次，呈现局部变化的效果。

（4）屋顶形式

布瓦村传统民居的屋顶，多为就地取材的符合夯土建筑特色的简易梁架结构。在夯好的土墙上加以圆木作为主梁用于承重。在主梁上排列细密的木檩，再在檩上铺满树枝或秸秆，类似于椽子，在树枝上以土加石进行夯筑。这样的结构使房顶与墙体之间留出一定的空隙，为厚重的建筑留出一条"呼吸之隙"，对黄泥夯土建筑开窗较小、通风采光不足的缺陷，起一定的改善作用。这种屋顶建造材料同时适宜于当地植物的扎根生长。在调研过程中发现除了用作晾晒的平台，大量屋顶都附着植物的生长，屋顶材料与构造本身具有防水保温的作用，附着植物加以调节，形成冬暖夏凉的屋内环境（表4-15）。

布瓦村屋顶形式　　　　　　　　　表4-15

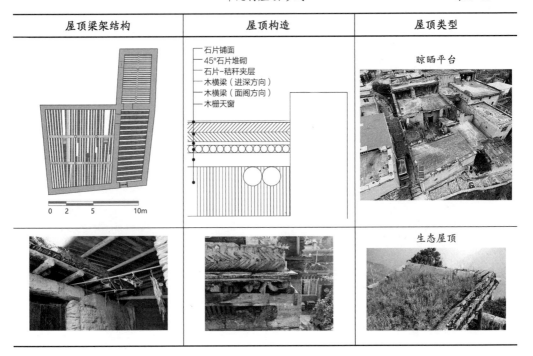

2. 布瓦村传统民居隐性基因的识别

（1）地形适应

羌族聚居区地处青藏高原东南麓，属于四川盆地外围山体向西部高山高原过渡的地带，地形呈蜿蜒起伏的立体单元[①]。村寨落差极大，分别分布在高山、半山和河谷地区。区域为著名的地震多发区，境内分布着龙门山北东向构造带。在长期与地形的适应中，羌人形成了独特的建筑智慧。

布瓦村民居在长期与高强度的地质环境的抗争中，形成了独特的抗震设防技术。在平面布局方面，选择"口"字形，简单且对称性极高；立面采用厚重的土墙，小面积木质窗框；在构造设计方面，设置"布筋""鱼脊背""过江石"等措施[②]。通过平面、立面和构造三个方面达到防震减灾的目的。

在长期与高坡度地貌环境的适应中，布瓦村将平地用于农业耕种，建筑多利用坡地。因此民居多就地取材黄泥夯筑，采用靠、爬、台、退、错、让、转、分、联、坡等建筑适应地形技术。其中最为显著的为"退"，背山方向逐层递减，形成退台式建筑，彰显"天

---

① 王名舸，张歆悦. 川西羌族民居的建筑空间形态及其设计应用——以汶川县水磨镇"水磨坊"项目为例[J]. 绿色科技，2019（02）：14-30.
② 成斌. 四川羌族民居现代建筑模式研究[D]. 西安：西南建筑科技大学，2015.

人合一"的典型羌族传统山地建筑的特色。

（2）气候适应

汶川地处寒冷地区边缘，紧邻冬冷夏热地区，而布瓦村海拔比汶川县城高844米，山地气候明显，夏季凉爽舒适，冬季寒冷。寒冷的西北风影响民居的保暖；而特殊的山地沟谷地形，有逆温现象和山谷风等特殊现象出现；同时布瓦村日照充足，年均日照1622.5小时，属于太阳能三区。因此，区域建筑受强阳光辐射、强风、寒冷等环境因素影响较高。

特殊的气候条件是布瓦村黄泥夯筑民居形成的重要内在因子。对气候的适宜因子在建筑群、建筑单体和建筑内部布局均有所体现：各建筑单体紧密地连接形成完整聚落，夏季形成互相遮阳的整体环境，冬季可减少热量散失；建筑单体围合性强，多选择南面开窗，避免西北风影响，板窗可支可摘，根据气候调节幅度，将阳光引入室内；建筑内部布局以"回"字形布局，有较强的室内遮挡高强度日照效果，在冬季夜晚，火塘的温度也能充分传达到室内各处。

特殊的气候环境也是布瓦村夯土民居保留下来的重要条件。布瓦村所在区域降水量少而集中，年均降水量为521.6mm，年均相对湿度为65%，年均最高温度为35.6℃，最低温度为-6.8℃，全年平均气温为14.5℃。而夯土材质的自然养护温度20℃左右，湿度约为63%，布瓦村的气候条件适宜夯土材料的养护。在夯筑过程中，黄泥中加以石混合，形成了多孔的"黏土混凝土"结构，与完全的夯土材料相比，内部容纳了一定的剩余空间，抵消了冰冻膨胀的负面效应，减少区域温差较大对夯土材料强度和耐久性的影响。

（3）社会制度

政治与社会制度在聚落的整体组织方式上有重要影响。羌族地区在中华人民共和国成立前实行封建土司制度，为家族式管理的社会制度，形成以官寨与碉楼为中心的集体防御模式。布瓦村中官寨位于布瓦村一组的核心位置紧邻村内纵向主要道路，拥有良好的视域。其周围碉楼分布与支路的数量远高于其他位置。官寨在聚落整体组织方面具有一定的聚集力。

（4）战争影响

羌族的战争和迁徙历史，对羌族传统聚落的组织和民居的形成产生了较大的影响。从布瓦聚落的整体防御方面来看，建筑屋顶各平台紧密相连。各家屋顶的晒台平时可用于晾晒稻谷、玉米等生产生活。在战争时期，晒台与晒台、晒台与碉楼之间通过跳板、梯子相通，串联成整体，构成整个村寨的屋顶防御系统；建筑单体防御性方面，羌族民居的一层、二层之间以活动的独木梯作为连接，如果敌人来袭把独木梯撤下，在楼梯口形成易守难攻的防御优势；从微观层面的建筑细部来看，斗窗开口外小内大，与敌人发生战争时，是最佳的观察孔和射击孔。木门锁采用插榫的方式将木门扣住石墙，设置在入户门一侧的孔洞中，战争时期可作为枪托和射击孔，射击入侵的敌人[①]。因此，除了碉楼外，布瓦村民居从整体、单体到细部具有的防御功能，也蕴含了强烈的战争历史的"基因"。

四、安全防御功能

当地行政区划将布瓦村分为四个组。其中，一、二两组村民聚居于一处，位于地势相对较低的西南部；第三组位于村落的中部，地势略高；第四组位于村落东部，横跨山梁，距前三组较远，地势最高。

1. 村寨立体防御系统

从空间形态上看，碉楼是布瓦村内点状分布的重要军事节点，通过碉楼节点串联起一个由地形、道路、民居、水系组成的完整的防御体系。

村寨路网可分为三级，分别是环村的一级道路，贯穿村寨内部的二级道路以及入户的三级小路。该路网联通四个村民小组，形成带状的道路防御骨架。村寨的水网是古羌民们通过修建明渠、暗渠将高山水源依势引入寨内和各家各户，同时还利用沉沙池等简单的措施进行过滤[②]。该水系分布与部分一级环村道路和二级街道相顺应，由第四组台地先流至第三组，再逐层流至一、二两组。在战争防御上，错综的路网和水系可以干扰敌人的入侵。此外，民居平屋顶的晒台户户相连，村民可利用跳板、梯子将屋顶与地面联成一体，形成空中面层道路。碉楼、道路、水系和屋顶面层结合由西南至东北逐渐升高的台地体块，最终构成点、线、面、体相结合的布瓦村空间立体的防御骨架（图4-14）。

2. 碉楼系统：利用地势，形成头尾屏障

碉楼顺应村寨内部道路呈"之"字形分布，其中一组和二组共25座，三组共4座，四组共11座。保存相对完备的只有3座，另有残碉1座，余下的只能找到碉基。本书对保存相对完好的4座羌碉进行了测绘，分别是位于第四组的龙山九号

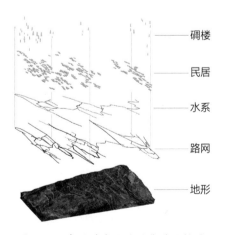

图4-14 布瓦羌寨立体防御系统格局

---
① 陈依婷. 羌族民居室内环境设计研究[D]. 北京：北京服装学院，2017.
② 陈一，廖晨阳，王倩娜，等. 金色羌寨，云上布瓦[M]. 四川：四川大学出版社，2018：120.

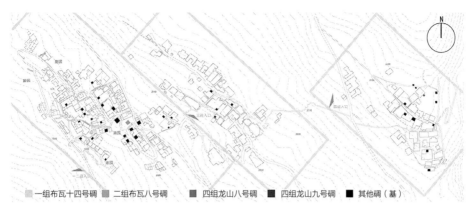

图4-15 布瓦村碉楼分布图

碉（石碉）和龙山八号碉（石碉）；位于第二组的布瓦八号碉（土碉）和位于第一组的布瓦十四号碉（土碉）（图4-15）。

各组碉楼朝向均与民居朝向一致，随道路沿等高线分布。第四组碉楼密度最大：一是因其地势最高，更利于瞭望和以点燃狼烟等方式进行报警和传递信息；二是由于分布于半高山地带的羌族聚落存在上主下次式的防御等级制度[①]，处于高地势的第四组，防御地位也相对较高，需要更高密度碉楼来防御。

此外，布瓦村一组、二组碉楼密度也相对较高。这样便在村寨的一头一尾形成坚实的保护屏障。由此推测，布瓦羌人起初迁到这片高半山坡时，选择在村寨的制高点和制低点建造更高密度的碉楼，主要出于构建村寨防御体系的战略性目的。

碉楼作为村寨防御体系重要节点，和道路、民居建筑联系紧密。根据它们的相对位置关系大致可以分为三类：类型Ⅰ——位于道路交叉口的碉；类型Ⅱ——与道路相邻但不位于道路交叉口的碉；类型Ⅲ——不与道路相邻的碉。前两类与道路相联系，最后一类与民居相联系（表4-16）。

布瓦村碉楼与道路相对位置分析　　　　　　　表4-16

类型	Ⅰ	Ⅱ	Ⅲ
位置	位于道路交叉口	与道路相邻但不位于交叉口	不与道路相邻
位置示意			

---

① 刘虹敏. 川西北传统羌族聚落景观研究［D］. 四川：西南交通大学，2016.

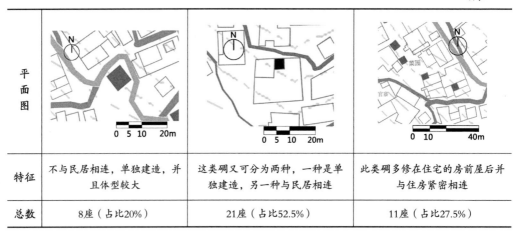

平面图			
特征	不与民居相连，单独建造，并且体型较大	这类碉又可分为两种，一种是单独建造，另一种与民居相连	此类碉多修在住宅的房前屋后并与住房紧密相连
总数	8座（占比20%）	21座（占比52.5%）	11座（占比27.5%）

与道路相联系的碉楼（类型Ⅰ和类型Ⅱ）数量远大于位于民居组团内部的碉楼（类型Ⅲ）。每个组别重要道路交叉口均布有大型羌碉，这样的规划分布有利于信息的传递，能保护道路重要的交叉节点。

其次，对于贯穿村寨的二级道路，80%以上的街道与岭道两侧均布有羌碉。这类碉的体型没有前者大，但数量相对较多，分布较广。对于不与道路相邻的碉楼，其能在战事爆发时充当村民们就近的军事堡垒，以便作战、屯粮储物。

布瓦羌人在布置羌碉时，按照由主到次，由外至内层层递进，渗入其中的布置原则：首先布置在道路交叉节点以及部分二级道路旁，以保护交通运输要道和作为信息传递途径；而后在民居附近进行第二层防卫，以便储备战略资源并在退守时作为防守堡垒（图4-16）。

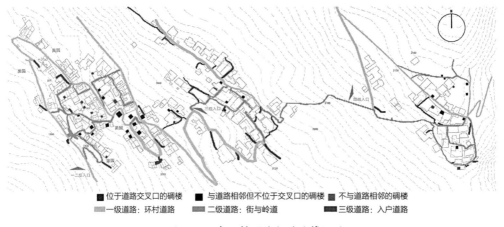

图4-16 布瓦村碉楼与道路等级图

3. 碉楼结构：鱼脊线支撑，低矮稳固

测绘的四座碉楼中，龙山九号碉楼保存程度最好。首先，它的高度较低，墙体倾斜度相对更大，使碉楼重心下移，更加稳定；其次，该碉楼具有"鱼脊线"，即在四棱台的基础上，南面凸出一条中线形成五棱台。同时，南面两条外轮廓线形成凹面弧线，相应的墙体也形成两个凹面，由此形成一条分隔的"鱼脊线"。地震来临时，"鱼脊线"可以承受并改变墙体传来的横向应力和应力波，使其变成曲波而起到减震作用。此外，它还能转换风向以减少碉楼水平风荷载。由此推断，有鱼脊线的碉楼比没有鱼脊线的碉楼更加稳定（图4-17）。

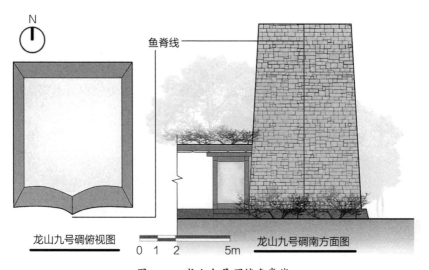

图4-17 龙山九号碉楼鱼脊线

第三节　阿坝州羌族老木卡寨聚落风貌

一、概况

木卡寨位于四川省阿坝藏族羌族自治州理县的木卡乡，西邻薛城镇，东接通化乡，再往东走为著名桃坪羌寨所在的桃坪乡。老木卡寨在木卡乡中部杂谷脑河河谷地区，理县东北25km，背靠杂谷脑河东岸的天然石山九子山笔架峰顺山势修建，北宽东窄，南北向呈伞状，西北方向由薛城镇环抱，距县城27km、成都143km。分为上寨、中寨、下寨三个部分，震后木卡老寨大部分房屋闲置，村民多搬至更为平坦方便的木卡新寨居住。全村现有116户、468人，属典型的羌民族聚居区。

老木卡，羌语的意思是"石头上的寨子"，传说是蜀汉大将姜维屯兵设卡于此得名。寨子坐北朝南，整体坡度可达20°~60°，寨内建筑群与山体原生岩石融为一体，仿佛自石头上生长而成。在文化上，老木卡寨是杂谷脑河下游唯一沿袭了古羌人文化、宗教、军事、生活传统的重要的文化岛屿；在村寨建筑上，老木卡羌寨是以道路和过街楼为中心景观布局的羌寨，其房屋建筑属于典型的山谷坡面上的石砌建筑群，整个村落随山势呈阶梯状布置，相对大部分传统羌寨而言，老木卡寨整体海拔爬升不大，但其建筑与山地岩石结合之紧密、单栋建筑的高差布局之多样，实属羌寨民居建筑典型，具有极高的研究价值。

老木卡寨建于九子山两山峰与杂谷脑河形成的河谷地带，村寨建于一座陡峭的山地荒坡之上，背靠岩石裸露，局部坡度、坡向变化较大的笔架峰，面向河面宽阔、水流湍急的杂谷脑河，仅在村寨南面修建一座索桥进出。三面高山环绕为老木卡寨提供了天然的屏障，石山基地虽增加了村寨的建设难度，但也提供了良好的视野与防御功能，河流、索桥与复杂的入寨道路，保证了老木卡寨的安全，河谷滩地也创造出更多的生产性耕地空间，使得老木卡寨后期农业规模增加，从最初的军事哨卡式羌寨，逐步发展成军事与农业的复合型羌寨（图4-18）。

图4-18 老木卡寨的选址卫星平面与建筑实景图

二、空间格局

1. 老木卡寨的外空间建设

老木卡寨在进行外空间建设时也采用了典型的"山—林—水—寨—地"体系，村寨与自然山、水的空间关系共同构建了传统羌族村寨的人居环境生态体系。山是老木卡寨背靠着的九子山笔架峰；林指寨子东北部的原始树林；水既能表示寨子紧邻的杂谷脑河，也可以解释为村寨与寨东北部泉水瀑布的空间关系；地即寨子的生产林地，分布在村寨南部的河谷滩地上，早期为河中心的岛上农田，后期为了更便捷的日常生活、生产活动，村民填平了岛

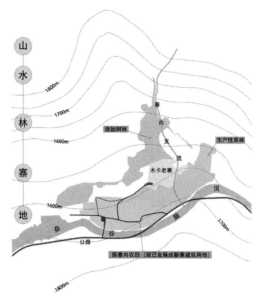

图4-19　老木卡寨的村寨格局示意图

与老寨之间的河床，形成更大面积的河滩地农田。自北向南，九子山笔架峰、山体上的原始树林、杂谷脑河支流、老木卡寨与南部的大面积耕地和果林，形成了一套典型的羌族村寨人居环境空间体系，也共同构建了老木卡寨的生态防御系统，保证了村寨自给自足的发展与长久留存。同时老木卡寨作为九子屯的军事哨卡，与周边的其他村寨间可进一步形成一体的人居防御空间，与更高海拔上的龙窝寨、尔瓦寨、大小牛心寨等可形成垂直空间上的九子山防御联盟（图4-19）。

2. 老木卡寨的内格局建设

老木卡寨的内格局建设横向展开、整体分布紧密，可从村寨水系布局、道路体系与建筑组团关系三个方面展开研究。

依托村寨东北部的泉水瀑布，村民在寨内垂直方向修建多条水渠，并在平行方向上以水管的形式进行横向引水，因此路边有水渠布置的道路是老木卡寨的纵向主路，村寨内部的景观空间、核心组团均围绕其布置。其余横向内部道路呈"之"字形平行沿等高线布置在不同海拔上，与民居建筑内部或屋顶连通，形成立体的交通流线，增强村寨垂直结构复杂性的同时，还能满足碉楼的功能，不同道路之间通过石砌或原始岩石开凿形成的台阶相连（图4-20）。

老木卡寨内的建筑群布局紧密，虽有上寨、中寨、下寨之分，但集中形成一处大的建筑组团，依山势横向展开，以寨内主要东西向道路为划分依据。其中中寨与下寨建筑密度

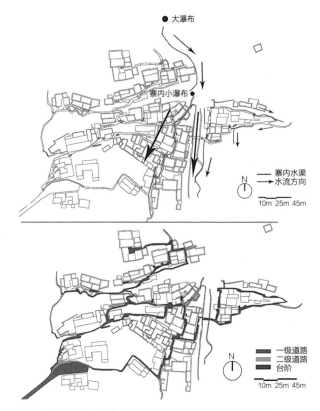

图 4-20　老木卡寨的水渠分布与道路结构图

较大，建筑之间共用墙体、相互粘连，局部有羌族特色的过街楼结构，表现出河谷类羌寨道路狭窄、街巷复杂、房屋密集的典型特征；上寨作为寨内的守备官邸，建筑群密度减小，建筑体量增大，多与等高线平行或斜交，起到统领、侦察全寨的作用。笔架峰的山体岩石与老木卡寨的传统石砌民居相结合，在平面形式与竖向空间两个方面均呈现出极为丰富的山地特征（图 4-21）。

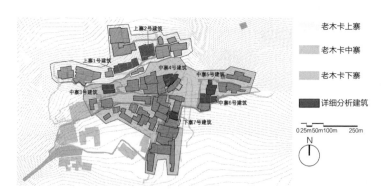

图 4-21　老木卡寨的上、中、下寨建筑平面图

三、建筑群分析

以村寨内主要东西向道路为划分依据来确定老木卡上寨、中寨、下寨的具体范围，来研究其现存建筑群的典型平面特征。木卡老寨现存建筑约50栋，其中5栋仍有人居住，集中在木卡中寨，海拔为1600m的等高线附近。整体建筑群最低处海拔1568m，最高处海拔1654m，南北高差86m，东西向展开约246m，整体坡度为20°～60°。依据国际地理学联合会地貌调查与地貌制图委员会关于地貌详图应用的坡地分类来划分坡度等级，其中0°～15°为缓斜坡，15°～35°为陡坡，35°～55°为峭坡，因而木卡老寨的建筑多在石山陡坡与峭坡上修建。在平面上，建筑主要呈现与等高线斜交或平行两种形式，也有极个别建筑与等高线垂直布置，多处于等高线密度较小的区域（表4-17、表4-18）。

木卡寨建筑整体分布数据表   表4-17

寨别	海拔（m）	保存建筑数量	主要建筑朝向	与等高线斜交建筑数量	与等高线平行建筑数量	与等高线垂直建筑数量
上寨	1620～1654	12	东南	7	5	0
中寨	1580～1620	21	南、东南	11	9	1
下寨	1568～1602	17	南、西南	15	1	1

木卡寨建筑坡度分布数据表   表4-18

坡度	0°～12°（缓斜坡）	12°～24°（陡坡）	24°～36°（陡坡）	36°～48°（峭坡）	48°～60°（峭坡）
建筑数量	5	16	19	9	1

整体来说，木卡上寨的建筑多呈独栋式，其建筑之间不共用墙面，原因一方面是由于石山上坡度的限制，导致坡度适宜的用地面积较小，不足以容纳多栋建筑；另一方面，木卡上寨原为守备官邸与大户民居，其建筑体量较大，建筑追求一定的形式与质量，需要以独栋的形式呈现，对全寨起统领作用。木卡中寨与下寨建筑密度较高，建筑之间相互粘连，出现了羌族特色的过街楼结构，表现出河谷类羌寨背山面河、道路狭窄、房屋密集的典型特征。但由于老木卡坐落于石山岩石之上，局部坡度变化大，单栋建筑跨越等高线数量多，相比传统羌寨建筑，其更具山地建筑特征。

1. 建筑完好度

汶川地震后羌寨建筑受到不同程度损毁，但几乎没有倒塌情况。目前保存十分完好的几栋建筑中仍有人居住,大部分建筑完整保留了下来(图4-22)。

2. 建筑层数

寨中建筑多为两层,最高三层。建筑外墙由石块堆砌,木质门窗,入口少与道路齐平,窗高且小(图4-23)。

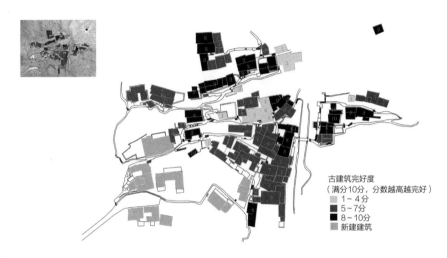

图4-22 老木卡寨建筑完好度分析图

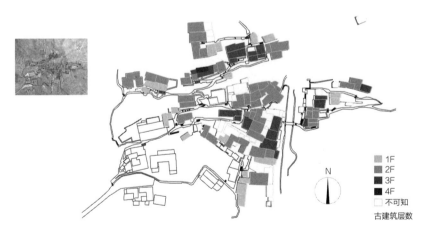

图4-23 老木卡寨建筑层数分析图

3. 建筑特色

羌寨人家的房屋紧密相连、成组成团,居于陡峭的山坡或河谷阶地之上。从居民建造习惯上来说,当一户人家建起房子后,邻居就会以这家人的房屋墙体为基础,再建房屋,以此类推，便形成了房屋沿山势渐次展开的空间格局。房屋主体采用石头、原木和黄泥等材料，整体呈现淡黄色调。由于房屋空间内部联系紧密，户与户之间往往形成曲折的巷道，巷道空间界面较为狭长逼仄，空间走向十分弯曲，这与其承担的防御功能密不可分。

羌寨民居工艺来源于村民祖祖辈辈传承的建造经验摸索，值得一提的是，虽然没有完备的现代建筑材料支撑，羌寨民居建筑结构仍表现出极强的安全性。由于羌房墙体是片麻石和当地黄泥混合垒砌的，经过重力和化学反应作用，具有不亚于钢筋混凝土的强度，不仅可承受长时间的风吹日晒，甚至可经受较为强烈的地震考验。

他们没有现代钢筋混凝土建筑那般经过仔细计算得出的结果，一切都源自祖祖辈辈传承下来的施工经验。因地制宜是羌族建筑最大、最重要的特点。碉房的建造要经过多道程序，大多数都是村民义务帮忙，在有经验的技师指导下进行，还要经过复杂的祭祀仪式。墙体是片麻石和当地黄泥混合垒砌的，经过重力和化学反应作用，具有不亚于混凝土的强度，可保证长时间使用，甚至可经历较为强烈的地震。墙基建于地下岩层或山石上（图4-24）。

图4-24 老木卡寨建筑风貌图

4. 建筑平面特征分析

老木卡建筑整体上符合传统羌族的建筑形式，受到山地影响，民居建筑多建造在开凿山体岩石形成的层层退台上，平面形态受到退台面积与形状的限制。为了顺应山体坡度、坡势，与道路相接，寨内民居建筑平面多呈现不规则的形态，由主空间与多个小型附属空间组成，以增加建筑层内面积。民居建筑各层形状或有不同，内部房间在垂直布置上更加灵活，屋顶的空间利用也更加充分，主屋可能出现在底层空间而屋顶的罩楼也可能改建成为卧室或者客厅。入户后由台阶或木梯先引入二层客厅空间，围绕客厅布置卧室与厨房，客厅中心放置火塘和神龛；一层则多为牲畜间、柴房或杂物间；三层空间传统意义上为屋顶与罩楼，但是由于老木卡的山体用地限制大，其平面面积不足，因此也有部分建筑在罩楼旁修建卧室、客厅或杂物间，三层房间的性质不定，多根据房屋使用者需求增建。下面选取老木卡寨平面形态最具代表性、与山体结合最紧密的民居建筑深入分析其适应人居山地背景而形成的不规则自由式、灵活式的平面形态特征。

老木卡寨典型山地建筑平面形态　　　　　　　　表4-19

	上寨1号建筑	上寨2号建筑	中寨3号建筑	中寨4号建筑
位置示意图				
一层平面图	牲口圈、杂物间；底层院落空间，面积：38m²	堂屋、牲口圈；底层院落空间，面积：9.8m²	猪圈、柴房	厕所、杂物间；底层院落空间，面积：18m²
二层平面图	堂屋、卧室、厨房；二层门厅	杂物间、二层客厅、卧室	堂屋、厨房、卧室	杂物间、卧室、堂屋、厨房；二层院落平台
三层平面图	卧室；三层院落平台	罩楼、杂物间；屋顶平台	罩楼、杂物间；屋顶平台	杂物间、卧室、三层客厅；屋顶平台
四层平面图	罩楼、屋顶平台	—	—	—
建筑平面形态	长条不规则形、与等高线斜交、各层空间变化大	正方不规则形、与等高线斜交、房间性质与形状灵活	长条不规则形、与等高线平行、房间性质与形状灵活	三角不规则形态、与等高线平行、各层形状差异大、房间性质与形状灵活

受山地岩石的影响，老木卡寨建筑平面布局多为不规则形态或长条形，其中下寨建筑用地局促，建筑平面多呈不规则形且建筑之间连接紧密，多面墙体共用，只在建筑群四周或下层空间形成街巷；上寨和中寨石山坡度较大，建筑则较为独立，东西侧墙体可能共用而北侧与山体相接，建筑南面对下寨建筑与河谷区域均有良好的视野效果，整体多呈长条矩形。

在平面布置上，老木卡建筑房间的性质用途也更加灵活，如上寨2号建筑由于直接面向峭壁，无法再进入房屋时首先进入二层的客厅空间，因此建造时在一层也设置堂屋，和一层庭院与牲畜圈相连，但分为两个入口，一层堂屋入口与庭院空间入口，客厅与牲畜圈用80cm厚的石砌墙体隔开，中间不设门，仍然将生活空间与生产空间独立设置；同时，通过对多栋建筑平面对比分析发现，虽然老木卡寨处于石山之上，用地十分局促狭隘，但是大部分建筑仍均有庭院的布置，而由于用地原因，庭院大多呈不规则形且面积较小。羌族民居院落有别于传统意义的院落空间，它更加多样而富于变化，空间具有流动性，尤其在立体空间上。如表4-19所示，上寨1号、上寨2号、中寨4号三栋典型建筑一层院落空间面积分别为：38m²、9.8m²、18m²，对于木卡来说，其院落空间规模更加缩小，立面形式也更为突出，且出现依附于山体上，具有三面围合，一面开敞或半开敞的特殊台地形式院落空间。

老木卡的院落在平面上的功能与结构虽然不足，但是在立面空间上却更具有代表性，并且在整体海拔与单座建筑高度上，老木卡寨的院落空间都具有从下层四面围合、空间限定清晰的内向型院落，随着高度的提升到上层两面或三面围合，空间限定逐渐模糊的外向型院落，再到顶层开敞的屋顶空间，有一种自下而上的变化序列，在垂直空间上是流动的（表4-20）。

5. 建筑立面特征分析

从建筑本身出发，山地建筑最重要的特征之一就是其与山体的接地形态，接地形态是对山地建筑与自然山体基地相互关系的描述，表现的是山地建筑克服地形障碍、获取使用空间的形态模式。所谓接地包括了建筑底面、基面、介质和基地四个部分，基地指建筑所在山体环境，介质指基地与建筑物之间的结构，如人为筑台、吊脚竹木等，建筑底面指建筑本身与基地或介质相接的最底层平面，建筑基面指建筑物所有布置了出入口的层面。

老木卡山地建筑接地形态示意图　　　　表4-20

吊脚	掉层	错层	附岩	筑台

在立面特征上，老木卡寨建筑群立面形态丰富，建筑底面高差显著，仅上寨与中寨的五幢建筑之间高差可达接近50m，建筑群或依附于山体表面，或通过筑台的形式与山体相接，与自然环境融为一体，包括了吊脚、错层、掉层、筑台、附岩五种接地形态。而老木卡寨不同建筑的接地形态受到石山的局部坡度影响，当坡度较为平缓时，建筑各层呈现错层的形态，随着坡度增加，错层便转变成掉层的形态，同时出现局部或整体勒脚的筑台；山体上退台宽度较小时形成寨内道路，退台宽度增大且与相邻退台间高差较大时，民居建筑多采用附岩的接地形态。多种接地形态并用，不同海拔上的建筑群与道路相结合，形成了老木卡寨复杂的剖面结构（图4-25）。

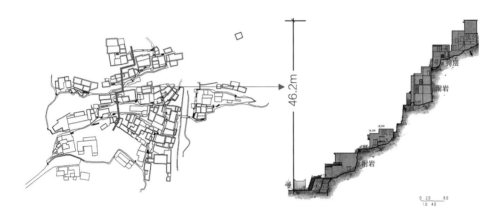

图4-25　老木卡寨的场地纵剖面图

单栋民居建筑结合地势高差表现出依山就势的形态，呈现"基底分离"的山地特征，且由于石山局部坡度变化较大，多种接地形态同时存在，下表选取老木卡寨中能表现出不同接地形态并具有典型立面结构特征的民居建筑深入分析其剖立面结构、接地形态和基底关系。总结而言，老木卡寨的人居建设在空间、格局与民居建筑三个方面均符合岷江上游传统羌族村寨的人居环境营造特征，同时更突出了防御性与山地性，具有一定的代表意义（表4-21）。

老木卡寨典型山地建筑剖立面结构　　　　表4-21

	建筑南北底面高差(m)	建筑的接地形态	建筑平面及位置	建筑剖、立面图
上寨1号建筑	8	吊脚、掉层、筑台、附岩		

续表

建筑	建筑南北底面高差(m)	建筑的接地形态	建筑平面及位置	建筑剖、立面图
上寨2号建筑	6	掉层	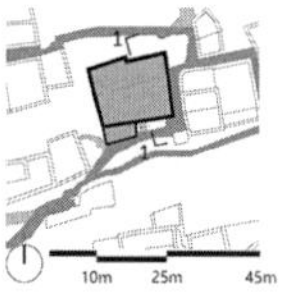	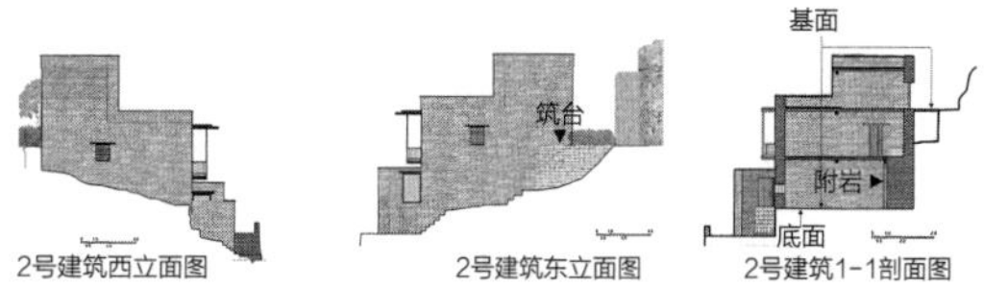
中寨3号建筑	10	掉层、筑台、附岩	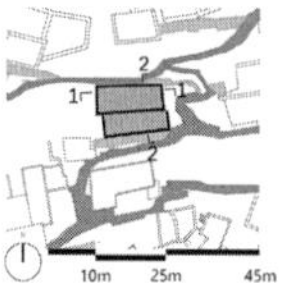	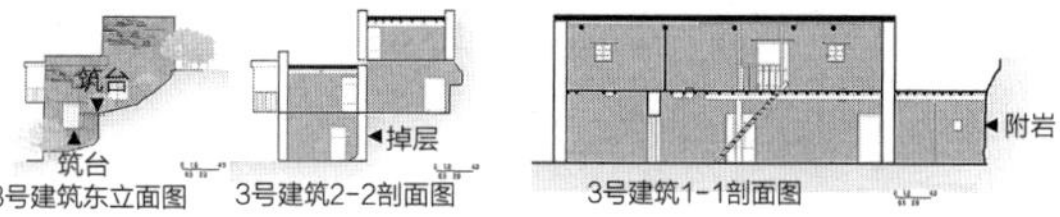
中寨5号建筑	8	掉层、附岩	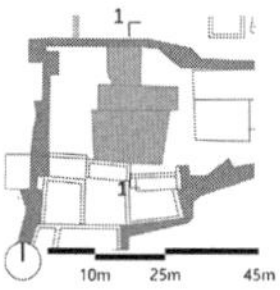	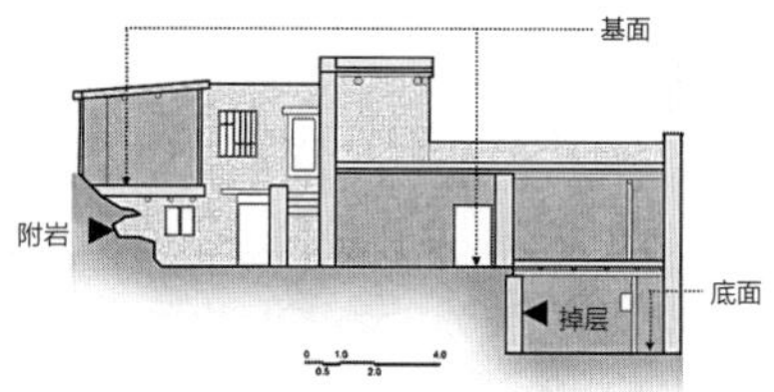
中寨6号建筑	4	错层	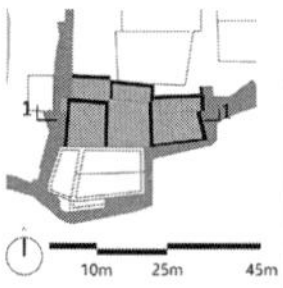	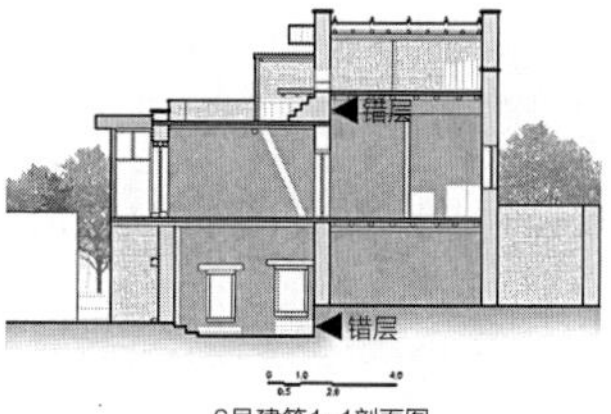

在九子山笔架峰的裸岩石山基地之上，老木卡的山地建筑与山体的接地形态主要有吊脚、错层、掉层、筑台、附岩五种，部分建筑与多条等高线相交，因而出现多种接地形态并用的立面空间结构。如上寨1号建筑在平面上为与多条等高线斜交的狭长形态，东西长度为36.8m，南北总宽度为9m，整个建筑由东至西，建筑内部的空间性质逐渐从多层生活性空间转变为低层庭院等生产性空间，同时建筑平面与等高线的夹角逐渐减小，因而呈现东侧筑台、掉层，西侧吊脚，北侧附岩的多种接地形态。中寨3号建筑，东西长度为13.5m，南北宽度为10m，高差为10m，建筑基本与等高线平行，因而其各层呈现掉层的接地形态，同时其建筑内部各层空间向外延展，通过筑台的形式与山体相接。

整体来说，老木卡的山地建筑接地形式多为掉层、筑台与附岩，附岩面是否砌墙与建筑内房屋性质相关，若房屋性质为厨房或牲畜房，建筑与山体的相接面则直接为裸露的岩石；若房屋性质为堂屋或者卧室，附岩面会对山体岩石进行平整处理后再用石块砌墙，如中寨6号建筑，一般来说附岩面的墙体厚度会比建筑其他墙体厚度略薄。吊脚的接地形态，是最早的羌民居底层形态，古称"阪屋"，后来当片石或者黄泥夯土等材料成为主要建造材料之后，干阑的形式便逐渐减少了，只在部分木质结构的局部及临近庭院空间的部分出现。此外，错层的形式在老木卡甚至传统的羌族民居中并不常见，在老木卡建筑中也只有中寨5号建筑采用这种形式，该栋建筑已有80年历史，错层结构不仅在建筑底面出现，在建筑顶部，罩楼与开敞屋顶平面空间也进行了一定的错层处理（表4-22）。

老木卡典型山地建筑竖向空间结构　　　　表4-22

建筑名称	海拔（m）	山体坡度（°）	南北山体高差（m）	建筑与等高线的相交形式	建筑与山体的结合形式
上寨1号建筑	1624～1632	26～38	8	斜交	吊脚、掉层、筑台、附岩
上寨2号建筑	1624～1640	12～32	6	斜交	掉层
中寨3号建筑	1610～1620	38～50	10	平行	掉层、筑台、附岩
中寨5号建筑	1596～1600	12～26	4	平行	错层
中寨6号建筑	1600～1608	19～32	8	斜交	掉层、附岩

山地建筑特有的依山就势形态为其在垂直方向上的空间形态组织创造了更丰富的条件，因而在山地建筑中可以在不同高度设置出入口，使建筑出现"基底分离"的多活动基面形式，增加了山地建筑的复杂性与立面形式，如老木卡寨的上寨2号建筑，其建筑底面在海拔为1624m的等高线上，建筑的三层平面与村寨内处于海拔1640m高度上的道路在同一水平层面，高差为6m，因而其罩楼北侧开门，通过木质的平台与道路相连形成建筑的又一出入口，同时三层屋顶空间转变为建筑基面，再比如上文提到的中寨3号建筑，其各层筑台与山体相接，建筑四层与二层均形成建筑基面，同时建筑四层基面通过石梯直接与村寨主路相连。

6. 老木卡寨山地建筑特征总结

山地建筑的形态特征，取决于山地建筑所赖以生存的山地环境，山地的坡度、山位、山势、自然肌理等是构成山体形态的主要特征。从山体地质地貌来看，老木卡所处的九子山，位于理县西南方向，地层岩性为石炭、二叠系，其中笔架峰主要岩石构成为千枚岩、灰岩，颜色以灰色、褐灰色为主，原生代部分风化的千枚岩基地与老木卡紧附山体层叠而上的修建石砌碉房形成了木卡独具特色的石上羌寨景观。

老木卡寨所坐落的笔架峰，山体岩石裸露，局部坡度、坡向变化较大，与传统的羌族石砌民居相结合，呈现出丰富的平面形式、接地形态与竖向空间。村寨道路体系多平行于等高线布置，南北方向通过石梯或打磨山体形成的岩石梯步相连，相比于传统的河谷寨四通八达且密闭的道路体系，其道路开敞度更高，视野也更加开阔，并且村寨主路通过石梯、筑台、大块岩石等与建筑基面相连，自下而上，从整个建筑群到独栋建筑内部均形成了丰富的竖向空间体验。

在老木卡建筑群的接地形态上，吊脚形态多与建筑材料有关，一般出现在木材、竹材等轻质材料构建的建筑局部；错层、掉层、筑台主要与坡度关系较大，坡度较为平缓的地区，建筑平面横跨等高线数量较少，呈现错层的形态，当坡度较大时，错层便转变成掉层的形态，同时出现局部或整体勒脚的筑台形式；而附岩主要与建筑内部空间使用功能有关，若对建筑内部空间质量要求较高，则有两种解决形式，一是将建筑整体与山体分隔，二是紧贴山体接面筑墙处理，因而裸露的岩石也仅存在于木卡羌寨的厨房、牲畜圈、杂物间等房屋空间中，在堂屋、卧室等房间空间中并未出现。

7. 老木卡寨的农业生产与防御

作为传统干热河谷类羌寨，老木卡寨的基础人居活动为农业生产与对外防御，由于整个村寨的规模较小、用地紧凑，山地上植被稀疏，只在村东北部有一小片树林，因而老木卡寨的精神人居活动相对较弱，无现存的宗教建筑，也没有传统意义上的神树林与寨神树。可以说老木卡寨的人居活动更多地借助山、水人居背景资源，体现在人居建设上，又更多地影响了寨内道路、水系、民居建筑的防御性与山地性等方面。

8. 老木卡寨高危节点分析

几处高危节点或十分陡峭，或没有台阶，或道路狭窄有障碍物，或地势险要且没有防护措施（图4-26）。

9. 老木卡寨视线关系分析

寨中建筑沿地势形成高差，由南向北海拔升高，高区域建筑有广阔的视野，低区域则被石墙和茂盛的树丛遮挡了视线。其中具有防御和眺望功能的碉楼拥有最广阔的视野（图4-27）。

图4-26 老木卡寨高危节点分析图

图4-27 老木卡寨视线关系分析图

四、特色总结

木卡羌寨原名"木宅寨","木"为寨形,"卡"为关卡,是灌马茶马古道的必经之路。木卡羌赛房屋是典型的山谷坡面上的石木建筑群,具有平顶、石墙、木架、过街楼、悬挑阳台等一系列典型的羌民族传统建筑特征。其民居"依山而建,垒石为室",整个村落依靠自然的坡度呈梯状布局,在不同的高度上错落布置,高差甚大,从下往上看就如同岩石上生长出来的房子,十分雄伟,被誉为"岩石上的羌寨"。

岷江上游传统羌族村寨的人居环境营造特色，体现人居活动对自然山、水、林的人文背景适应性上，最终成果是人居建设中的村寨防御系统和山地型的民居建筑，可归纳为生态特色、防御特色与山地特色。

生态特色： 岷江上游独特的山水环境与人文背景造就了羌族村寨"山—林—水—寨—地"的格局，山地、神树林、山泉水流与耕地成为羌寨不可或缺的人居环境生态因子，并且在南北方向上依次布局，形成传统羌寨的人居环境生态体系。

防御特色： 不断的迁徙与频繁的战争使得传统羌族村寨在其人居环境营造时必须考虑军事防御功能，在选址上重视防御性与安全性。在村寨建设上，寨与寨之间的联合防御体系，寨内建筑群、街巷空间形成的整体防御壁垒与碉楼、碉房等单体军事防御设施，都表现出羌族村寨浓厚的防御氛围。

山地特色： 岷江上游高山陡坡的人居环境使得传统羌族村寨的民居建筑表现出强烈的山地特征，在平面上为不规则的平面布局，在立面上则采用多种接地形态，使得建筑内部出现"基底分离"、多活动基面的现象。

近年来，由于山体滑坡与地震等自然灾害，岷江上游的传统羌族村寨正在逐渐消失和汉化，研究其人居环境的营造特色，有利于国家和地方政府在保护措施上采取因地制宜、重点扶持的政策，在保护技术上，开发新技术、提升保护力度，从不同方面以及各个技术层面进行不同类型、不同特色的传统羌寨人居环境的保护与修复，对发扬传承我国繁荣而历史源远流长的民族文化具有重要意义。

第四节 阿坝州嘉绒藏族村寨聚落风貌

在阿坝州境内嘉绒藏族主要分布在金川县、小金县、马尔康县、黑水县、少部分分布在壤塘县、理县局部，极少部分红原县和汶川县部分地区，其居住者讲嘉戎语，并以农业生产为主的民居就是嘉绒藏族。

"嘉绒"一名以嘉莫墨尔多神山命名，意为墨尔多神山周围。嘉绒民族成为藏族一个独具特色分支的原因主要表现在地理环境、历史渊源以及特定农耕文化背景下形成的宗教、语言、建筑、习俗等方面。唐代吐蕃东进，驻军于大渡河、岷江一带，据险而守，其军队与当地嘉良、东女、附国等各部落相互融合，形成了今天独特的嘉绒藏族。

各地民众因生活环境、生活方式、地理气候等差异，具有自己特有的观念思想，文化特点也是如此。由于自然环境与人文条件不同，将形成各具特色的传统村落结构模式，主要体现在传统村落的空间形态、空间肌理等，这也映射了当地居民对自然环境的适应和反应。

一、村落的外部空间构成要素

我国传统村落多表现出与周边地理环境、自然特征的深度交融、和谐共生之貌,从历史与地理学的角度来看,这种与自然一体化发展的格局是由自古以来的农耕文化中"天人合一"思想决定的。

这一现象表明,古代的劳动者开发利用土地有着其特殊途径,他们通过这一观念来处理人与自然之间的关系,并以山水为基础构建起以人为主体的社会活动空间,创造出了具有鲜明特色的村落格局与意识形态。

这些融入人工创造的山川田地与村落景观,不仅符合其生存所需,还承载着当地人的文化追求,可以将阿坝州嘉绒藏族传统村落外部空间构成要素分为山、水、田、村四个基本要素。

1. 山体

山体作为阿坝州嘉绒藏族传统村落的村落外部环境要素,存在高差大,地势复杂的特点。因山势起伏多变,使整体山体景观表现出"山高谷深""一山分四季"的特点,构成得天独厚的自然景观与人文资源。在高原山地地区,人们就以山地作为自己生产生活所需的自然环境条件来发展经济。伴随着社会历史文化变迁和科技进步,高山农业已经成为当地人民最主要的生产方式,同时也创造出一种具有高原特色的民居建筑形式(图4-28)。

2. 水体

水体是传统村落外部空间的重要组成要素之一,同时也是人类生活生产活动的物质基础。在对传统村落的外部空间进行研究时,水的存在是不可或缺的,要从整体出发来考虑其构成和功能,而不能仅仅局限于个别方面,因为任何一个局部都会影响到整个村落空间格局和居住环境的变化。对高原传统村落地区而言,水既是日常生活必不可少的要素之一,也有着特殊的含义,能够让人们得到安全和健康的保护,它是生活的源泉,以达到人与自然的和谐(图4-29)。

3. 农田

生产空间是嘉绒藏族村落的重要组成部分,阿坝州嘉绒藏族在生产上是自足自给的自然经济,主要以农业生产为主,少部分从事畜牧业生产。因此,在其村落中能随处可见大片的农田,部分村落由于受到地形限制,农田分布较为分散;还有少

图4-28　色尔米村的建筑与山体

图4-29　丛恩村旁的水体

图4-30　色尔米村农田

图4-31　尕兰村高山牧场

数村落兼营畜牧产业[①]，在离村落生活区较远的平缓地带有统一的高山牧场（图4-30、图4-31）。

二、村落自然山水环境

研究选取的43个村落样本在主要的阿坝州嘉绒藏族风貌区分布均匀，且为国家级或省级的传统村落。它们承载了当地嘉绒民族浓厚的历史文化积淀和丰厚的文化价值，是研究其自然山水环境的典型代表。这些村落分布于不同地理条件下，有其独特的山水环境，使研究更具科学和普适性，下面将通过对地形、水文这两个部分的分析，总结概括出其自然山水空间环境来划分阿坝州嘉绒藏族传统村落的选址类型（表4-23）。

[①] 李军环，王纯，靳亦冰. 事件空间视角下的民居演化研究——以嘉绒藏族传统民居为例［J］. 新建筑，2022（03）：151-155.

1. 地形地貌分析

在阿坝州这样的高山地区，地形与海拔是对村落发展较为重要的影响因素。根据资料收集整理以及实地调研与走访，将阿坝州嘉绒藏族传统村落所处的地形地貌按照分布山体位置与地势特征可以划分为河谷平原型、河谷台地型、中山缓坡型、中山台地型、高山缓坡型五个主要类型。

（1）河谷平原型

在研究的43个样本中，位于河谷平原的样本数量次多，一共有11个村落样本为这一类型，占村落研究样本的26.19%。分布于此类地理位置的村落平均海拔低于3000m，比邻或相接于河流的主干道或者支流且地形平坦，平原面积较大。因此，该地区具有较好的居住环境和适宜种植作物的土壤条件，适合各种种植业发展，如尕兰村等（图4-32）。

（2）河谷台地型

这类样本村落一共占样本村落总数的45.24%，是最多的一种类型。因河谷边地形险峻，所在环境中并无充足平原以供村落的开发，为满足农业生产之需，多数村落只有把靠近水源的平原空间交由生产种植，村落生活区总体向山体迁移，因而形成台地状村落建筑布局形态。这种类型的村落因地制宜地合理利用台地地势较平坦地段建造住宅和居住空间，也可利用高差为居住生产调水，确保水资源运输[①]，代表性村落为西苏瓜子村（图4-33）。

图4-32 尕兰村地形

---

① 郑雪. 嘉绒藏族碉房民居谱系研究［D］. 绵阳：西南科技大学，2022.

（3）中山缓坡型

在样本村落中，属于中山缓坡类型的村落只有3个，是样本村落中数量较少的类型之一。为了抵御水文相关的自然灾害，这类村落选择位于半山腰地段，村落所处山体坡度较缓，村落建筑分布零散，典型村落代表有羊茸村（图4-34）。

图4-33　西苏瓜子村地形

图4-34　羊茸村地形

（4）中山台地型

这类村落位于半山腰地段，位于中山台地的这类村落呈层层叠叠的阶梯式村落结构，较高的地理位置拥有良好的侦察视野，台地式建筑有利于阻挡外界视野，增强村落的防御系统。这类村落的数量占研究样本总数的7.14%，典型的村落代表有沙板沟村（图4-35）。

图4-35　沙板沟村地形

（5）高山缓坡型

受高海拔严酷自然条件和生活条件影响，样本村落中位于高原缓坡上的嘉绒藏族传统村落较少，占样本村落的14.29%。此类村落的地理位置通常位于海拔大于3000m的缓坡地段，位于山顶或靠近山顶。这些村落表现出明显的"山高路险""人迹罕至"特征。如典型代表银真村、春口村等（图4-36、图4-37）。银真村民居自由分散在高山缓坡地带，群山环抱，村落与大自然纵横交错、相互融合，直到1953年才得以发现，成为黑水县境内最后一个被发现的村落。还有一些村落受宗教文化影响，位于山顶附近的平坦土地上，以突出寺庙的高贵和神圣，带有宗教色彩[①]，如春口村等。

图4-36　银真村地形

图4-37　春口村大藏寺全貌

---

① 王祯. 川西北地区嘉绒藏族河谷地带传统村落空间形态研究［D］. 广州：华南理工大学，2021.

研究对象村落地形地貌特征类型划分　　　　　　　表4-23

类型划分	村落名称	典型村落卫星图 （来源：谷歌地图） （时间：2022年8月）	
河谷平原	阿科里村、二普鲁村、官寨村、木城村、西索村、尕兰村、代基村、马塘村、知木林村、才盖村、谷汝村		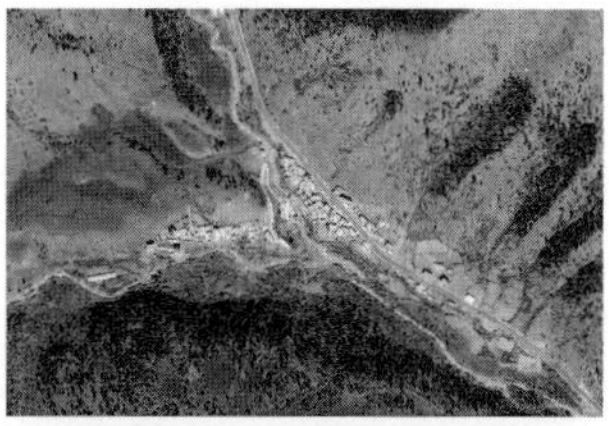 木城村
河谷台地	根扎村、周山村、耿扎村、太阳沟村、木洛村、王家寨村、登春村、董马村、直波村、色尔米村、丛恩村、西苏瓜子村、大别窝村、色尔古村、昌德村、甲足村、罗坝街村、三打古村、奶子沟村		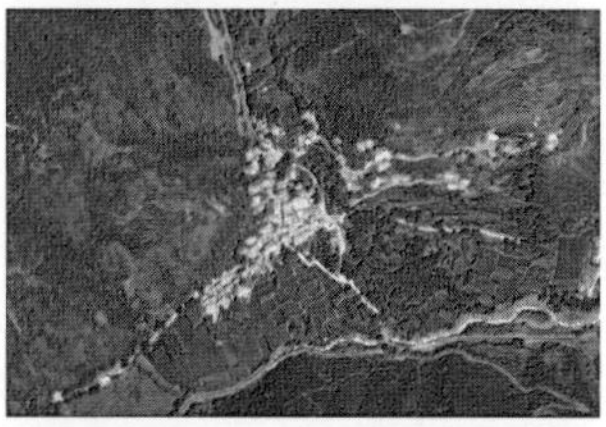 周山村
中山缓坡	四甲壁村、沉水村、羊茸村		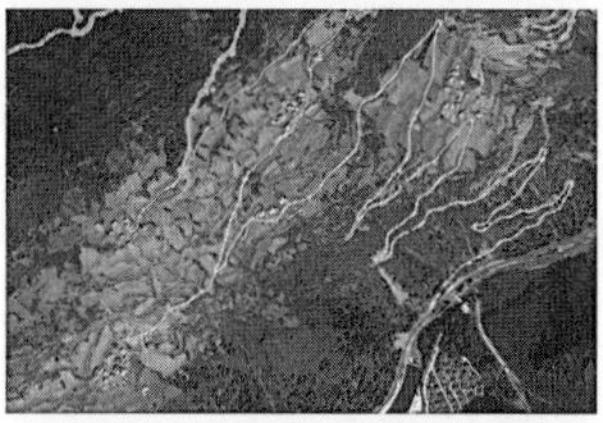 羊茸村
中山台地	麦地沟村、粮台村、沙板沟村		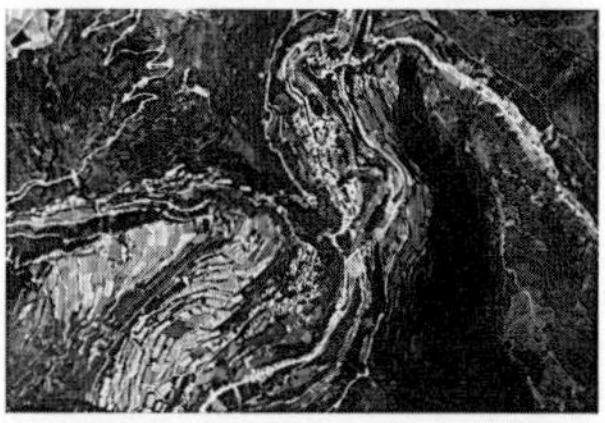 粮台村
高山缓坡	墨龙村、春口村、银真村、干斯坝村、苦瓜村、瓦钵村		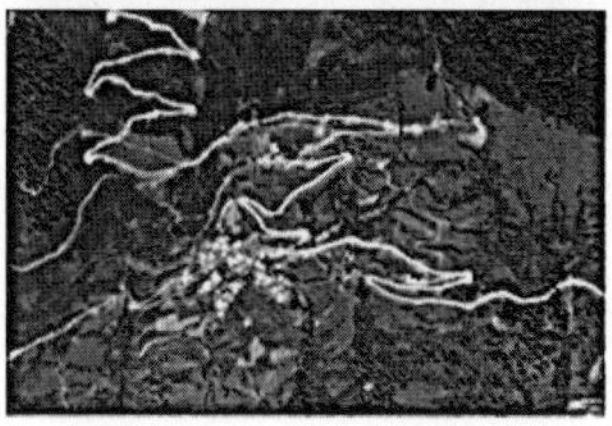 银真村

2. 村落与水的位置关系

水是地球上珍贵的自然产物，对生态环境有良好的调节作用，也是人类生存必不可少的自然资源。阿坝州嘉绒藏族传统村落的外部空间组成基本上都离不开水系。本书将43个样本村落与水的位置关系进行类别划分，可以分为相交型、相接型、相邻型、相离型四种类型（表4-24）。

村落与水的位置关系分类　　　　　　　　　　　表4-24

类型	相交型	相接型	相邻型	相离型
典型村落图示	西索村	官寨村	西苏瓜子村	春口村
村落名称	木城村、西索村、尕兰村、马塘村、才盖村、谷汝村	阿科里村、二普鲁村、官寨村、代基村、知木林村	根扎村、周山村、耿扎村、太阳沟村、木洛村、王家寨村、登春村、董马村、直波村、色尔米村、丛恩村、西苏瓜子村、大别窝村、色尔古村、昌德村、甲足村、罗坝街村、三打古村、奶子沟村	四甲壁村、沉水村、羊茸村、麦地沟村、粮台村、板沟村、墨龙村、春口村、银真村、干斯坝村、苦瓜村、瓦钵村

（1）相交型

相交型的村落占总样本数量的14.29%，这种类型村落的水系从村落中间穿过，对村落进行了切割，使村落分割为几个部分，使得村与水融为一体，既满足了农业生产的需要，又能够提供良好的景观视野，典型村落代表有西索村。

（2）相接型

相接型的村落为村落分布在水体的一侧，生活区域紧靠水体，河谷平原面积较大，村落建筑分布较为连贯，占研究样本的11.9%。相接型与相交型两类村落普遍有一共性：河流是其主要水源，河道是其水系，灌溉农业生产用水。典型村落样本如官寨村[①]。

（3）相邻型

相邻型村落水流分布在村落侧面，村落地形比较险峻，村落一般呈台地式分布，水隔

[①] 韩咏芳. 嘉绒藏族地区村落型宗教建筑遗产价值评估与保护研究[D]. 绵阳：西南科技大学，2023.

村落，生产空间具有良好水源，方便耕作。这种位置类型的村落有19个，为数量最多的类型，如西苏瓜子村。

（4）相离型

相离型村落选址流水流横向或者纵向位置相对较远且水和村落表现为分离状态，村落通常分布在中山或者高山位置。其数量有12个，占研究样本的28.75%，如春口村。

3. 村落与水流方向的关系

从村落发展方向与水流走向关系来看，可以将其划分为平行、垂直、无序三种类型，相离子型的村落与水流位置远，水流方向对其影响较小，因此不属于讨论范围之类。在剩余30个样本村落中，主要的河流流向与村落发展方向呈现出相平行关系，少数出现垂直关系，呈无规则分布的村落最少（图4-38）。

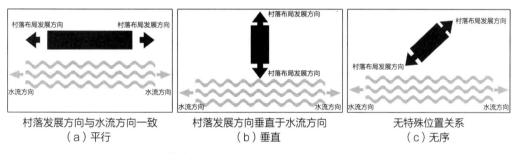

图4-38 村落发展方向与水流方向位置类型划分示意图

多数分布在河谷平原上的样本村落在发展方向和水流方向上表现为平行关系，以狭长带状村落为主；出现垂直关系的样本村落通常呈河谷台地式分布，受河谷平原范围限制，村落被迫上山开发，构成"T"字形村落开发走向，村落发展方向既与水流方向平行又与之垂直。少数几个地形较复杂、建筑散布的村落没有明确的村落发展走向，因此和水流走向呈现杂乱无章的状态。

通过对水在村落中的相对地位以及村落开发方向和水流方向之间的地位关系进行分析可得，多数阿坝州嘉绒藏族传统村落山水环境的形成离不开水体，水对于其村落扩张有显著影响，村落选址时会优先考虑有水，因其可以满足居住需要。水既可作为生活用水又可作为灌溉农作物以满足居民农耕需要，同时还是保护生态环境的重要保障[①]。

---

① 李军环，王纯，靳亦冰. 事件空间视角下的民居演化研究——以嘉绒藏族传统民居为例[J]. 新建筑，2022（03）：151-155.

4. 村落外部空间格局划分

中国传统村落的选址和布局通常都遵循中国传统的堪舆学等规律法则，使村落与自然环境能够和谐相处，互利互惠，共荣发展。根据上文对样本村落地形地貌及水文的相关分析，可将阿坝州嘉绒藏族传统村落外部空间格局类型分为多山夹水型、靠山临水型、背山面水型、枕山离水型四种类型（表4-25）。

（1）多山夹水型

多山夹水型村落通常位于河谷平原上，接水处较多。它的格局结构总体上是两山夹水；也有三面环山，以"入"字形水流为主的。在古代风水学视野中，这种地形又是居住比较舒适的地方，河谷中良好的自然条件既能提供居住，又能形成美丽的村落景观，阿科里村就是其中之一。

（2）靠山临水型

靠山临水类型村落通常分布在河谷平原附近，临水源而生。这种村落类型最多，占研究样本的45.24%。由于生产空间对建筑空间的挤压作用，村落靠近山体，处于山脚缓坡地段且为台地式分布，具有代表性的村落是西苏瓜子村。

（3）背山面水型

背山面水型村落通常位于半山腰路段，而不是河岸附近，但是离水系垂直距离并不太远。村落依山而建，建筑物都面向河流的方向按地势高低排列，错落有致，典型的村落如四甲壁村。

（4）枕山离水型

枕山离水型村落通常分布在山腰上部或者高山缓坡路段，依据地形地貌选相对平坦的路段点，没有主要河流水系存在，偶尔会出现溪水在一些小支流流经村落。它的外部空间格局以山要素为主，与主要水系呈分离状态，常可看到四面环山的景象，典型的村落是瓦钵村。

阿坝州嘉绒藏族传统村落山水空间格局类型划分　　　　表4-25

类型划分	村落名称	典型村落示意图
多山夹水型	阿科里村、二普鲁村、官寨村、木城村、西索村、尕兰村、代基村、马塘村、知木林村、才盖村、谷汝村	阿科里村 （阿科里村位于河谷平原中，夹于两座高山之间，水系从村落紧挨流过）

续表

类型划分	村落名称	典型村落示意图
靠山临水型	根扎村、周山村、王家寨村、耿扎村、太阳沟村、木洛村、登春村、董马村、直波村、色尔米村、丛恩村、西苏瓜子村、大别窝村、色尔古村、昌德村、甲足村、罗坝街村、三打古村、奶子沟村	 西苏瓜子村 （西苏瓜子村位于山脚下，紧靠山体，与水系相邻，村落建筑面朝水系）
背山面水型	四甲壁村、沉水村、羊茸村、麦地沟村、粮台村、沙板沟村	 四甲壁村 （四甲壁村位于半山腰，村落高差较大，一水从村落旁边经过，与村落呈分离状态，建筑整体背靠高山，面朝水系）
枕山离水型	墨龙村、春口村、银真村、干斯坝村、苦瓜村、瓦钵村	 瓦钵村 （瓦钵村位于山脊附近，悬置于高山之上，主要水系离村落位置远）

三、村落生产空间

生产空间是一个村落的重要组成部分，受到村落建筑布局的影响，它的分布可以从侧面反映出当地人民的生活习惯。通过对样本村落的卫星图与自摄照片对生产空间的初步分析，再对筛选出来的15个村落保护完整、村落外部空间构成要素区分明显、村落肌理显著

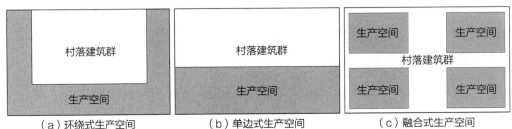

图4-39　生产空间布局类型示意图

的典型性村落进行深度分析，按照生产空间与村落的位置关系可以分为环绕式生产空间、单边式生产空间与融合式生产空间三种类型（图4-39、表4-26）。

1. 环绕式生产空间

环绕式生产空间是指环绕在村落建筑群外的生产空间，一般呈两面围合，少数情况下会出现三面围合的形式，生产空间分布较为聚集。这种类型主要分布于地势相对平坦、交通便利、靠近生活区的地区，多为地形较为简单的位于河谷处的村落。

环绕式生产空间相对于另外两种生产方式有一定的优越性，既可以充分利用现有资源又可以有效推动经济发展、社会进步。同时，由于其可以使人们更加方便地获得生活所需物品，因此也被认为是最适合现代村落居住条件的一种生产方式[①]。

2. 单边式生产空间

单边式生产空间是指一般紧靠着村落的一侧，呈半围合村落的状态，供全村人使用的生产空间。村落多位于河谷台地区域，村落内部建筑布局紧密，形成一个整体，生产空间作为村落与河流的缓冲区存在。部分村落为组团式，生产空间分布在组团的一侧，因而也看作单边式的生产空间。

3. 融合式生产空间

融合式的生产空间是指穿插在村落生活群内部，呈长条状或点状的生产空间。这种生产空间类型的村落内部建筑布局分散，没有明显的组团，地势较为复杂，地形高差较大（表4-26）。

---

① 皇甫苗华. 河谷型嘉绒藏族传统村落公共空间特征与形成机制研究［D］. 重庆：重庆大学，2023.

样本村落生产空间分布示意 表4-26

类型划分	村落生产空间分布图		
环绕式生产空间	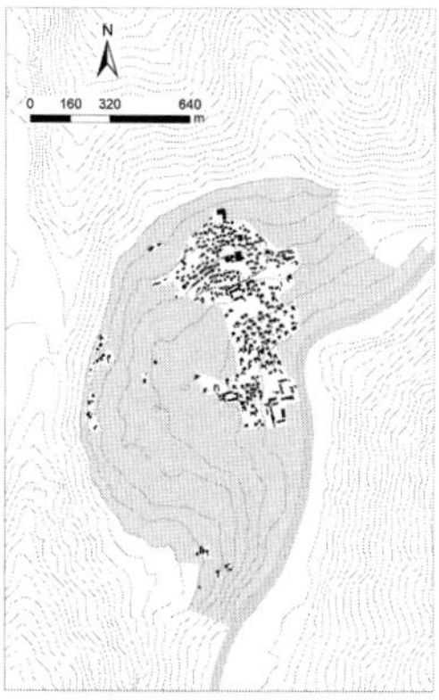 代基村	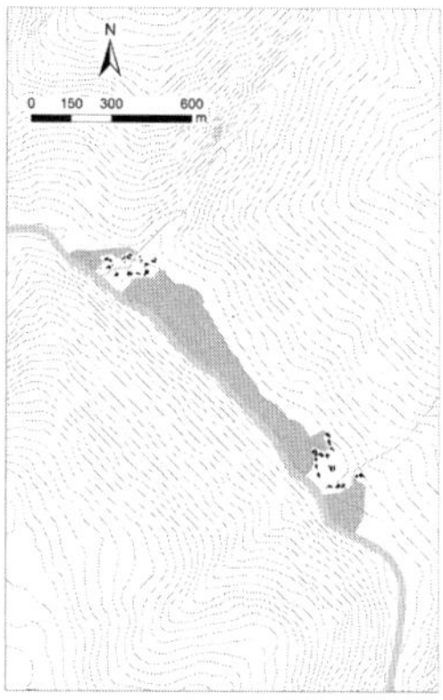 丛恩村	 大别窝村
	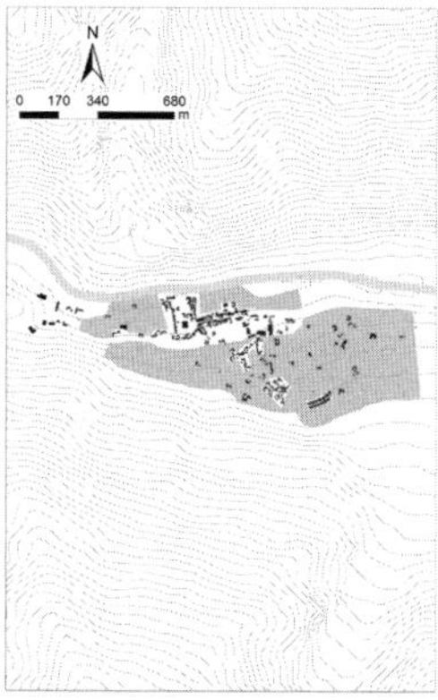 官寨村	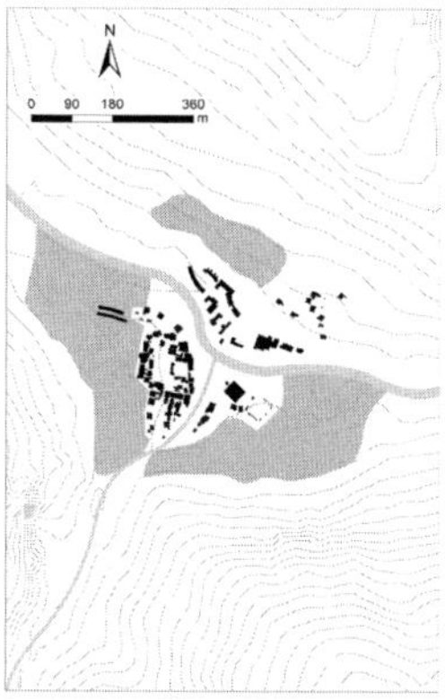 西索村	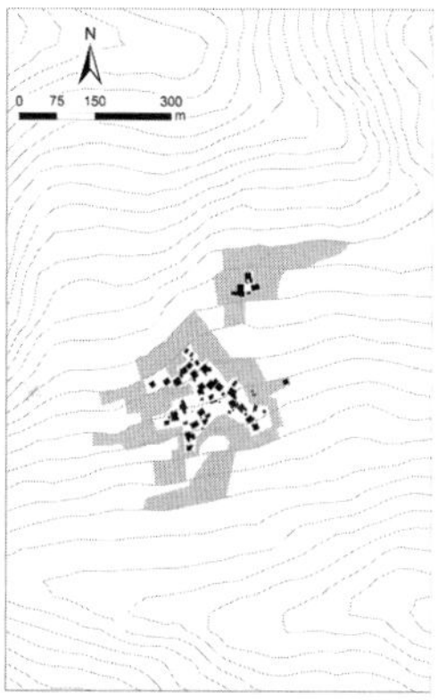 银真村
单边式生产空间	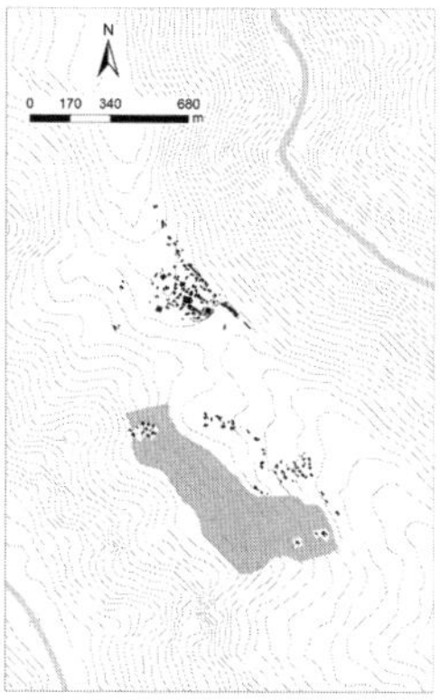 春口村	 马塘村	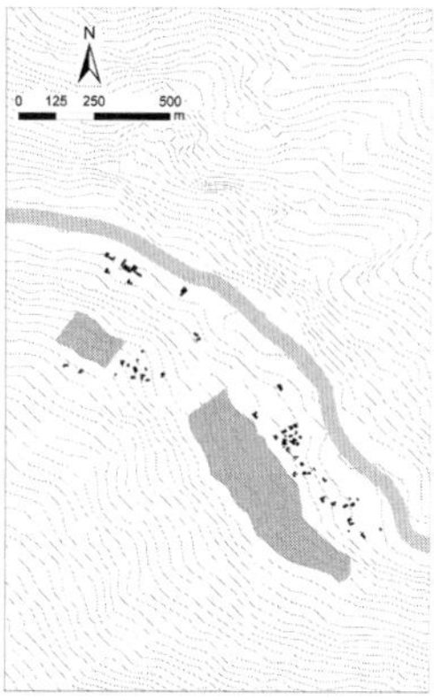 根扎村

续表

类型划分	村落生产空间分布图		
单边式生产空间	 色尔古村	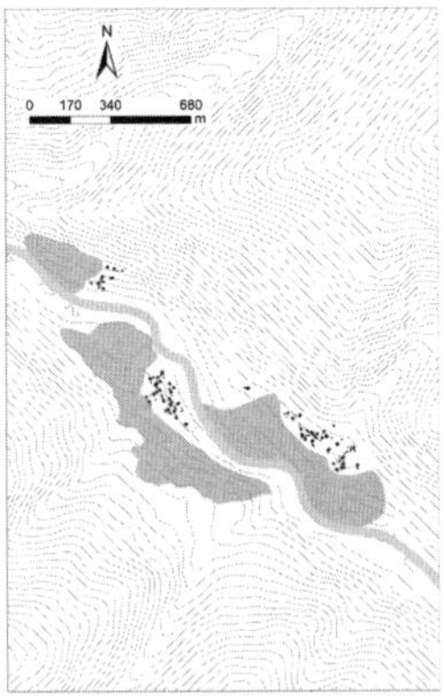 色尔米村	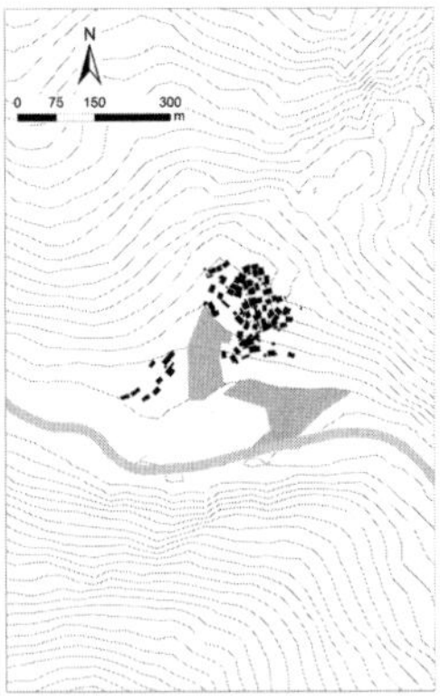 西苏瓜子村
	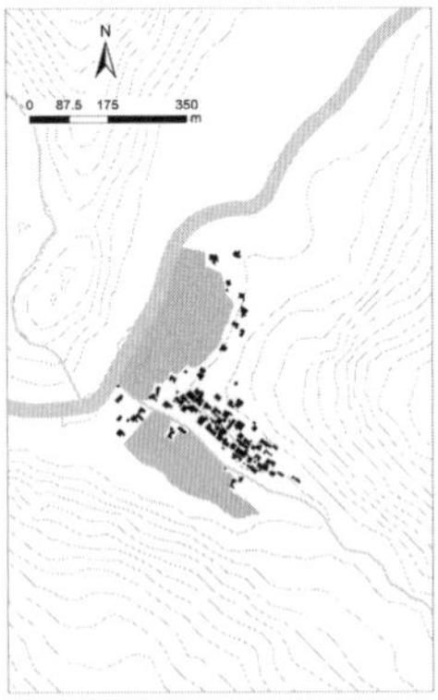 直波村		
融合式生产空间	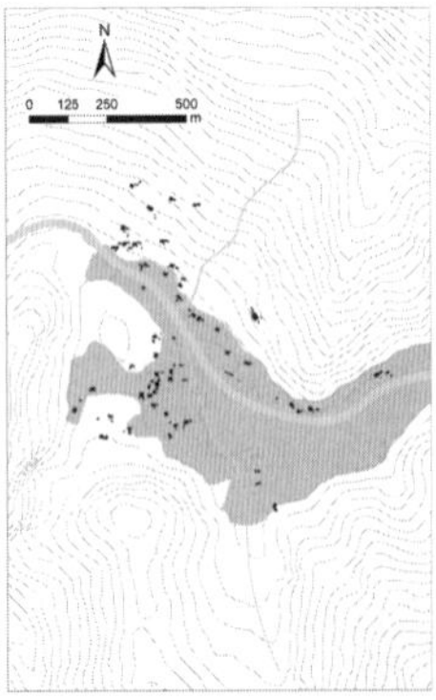 尕兰村	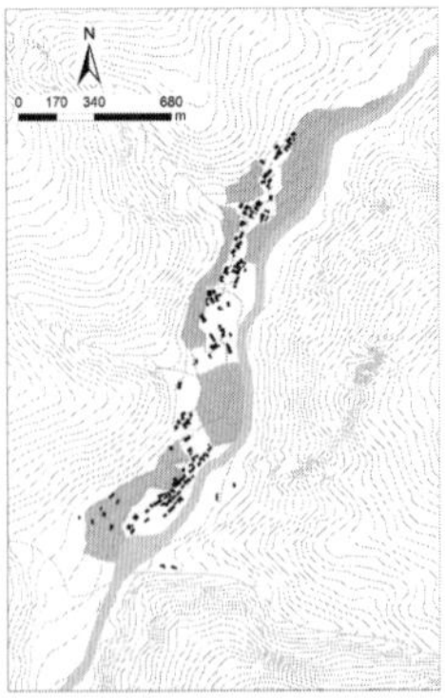 知木林村	

从以上分析中可以看出，产量较大的生产空间往往位于河谷平原上，而适合耕种的地理条件和方便的用水条件则是影响生产空间变化的最重要因素。大多数无大面积平原的村落还以牺牲村落生活区空间为代价，挤占建筑空间，积累了较多平原空间供农业经济发展所需。

四、村落空间序列

空间序列就是按照经过某条流线来安排空间的起承转合变化。在上文对样本村落的外部山水环境与村落生产空间布局模式分析的基础上，我们进一步将上文筛选出的15个样本村落，通过对其卫星图在 Arc Scene 里进行3D模式处理，并加以分析与类型归纳，深入解析其空间序列。

依据外部空间要素的分布位置，可将阿坝州嘉绒藏族传统村落的空间序列划分为山环绕式、水环绕式、直向式三大类。其中，山环绕式可以分为中心对称式、水村分隔式、水田分隔式与水村田融合式（表4-27）。

样本村落空间序列类型划分　　　　　　　表4-27

类型划分		空间序列示意图	村落样本
山环绕式	中心对称式	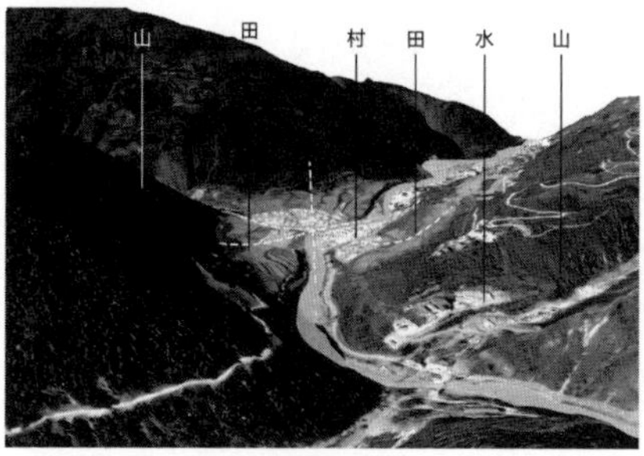 西索村	西索村
	水村分隔式	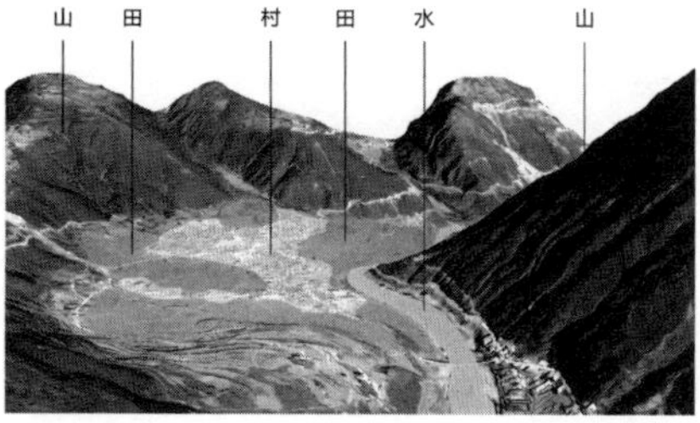 代基村	丛恩村、代基村、马塘村、色尔古村、色尔米村、西苏瓜子村、直波村

续表

类型划分		空间序列示意图	村落样本
山环绕式	水田分隔式	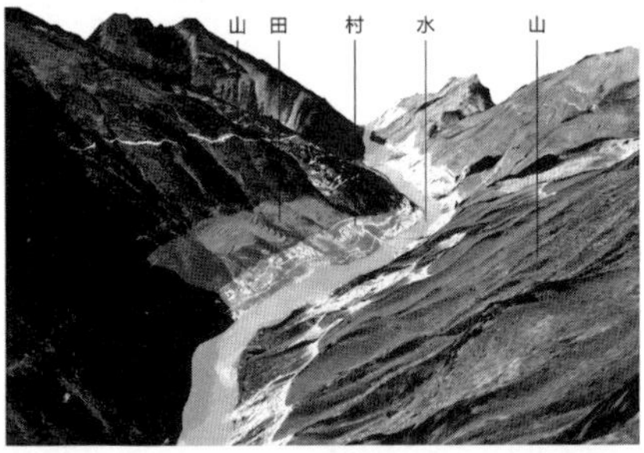 根扎村	大别窝村、根扎村、官寨村、知木林村
	水村田融合式	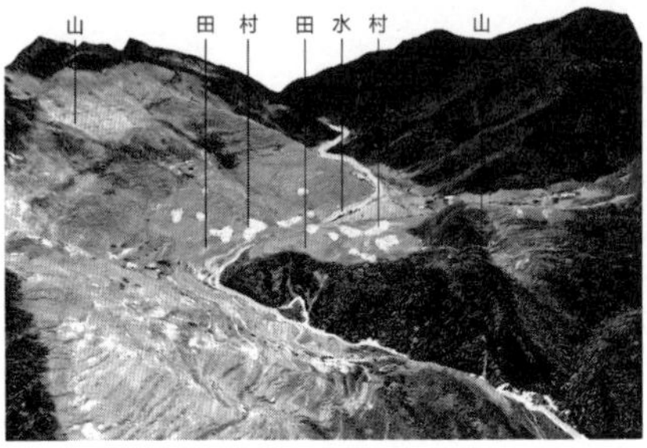 尕兰村	尕兰村
水环绕式		 春口村	春口村
直向式		 银真村	银真村

1. 山环绕式

（1）中心对称式

其村落的发展由中心一点向四周发展。从中心点出发，在各个方向都能形成一致的空间序列，空间序列以山为起点，以山为结束，如西索村。

（2）水村分隔式

其村落一般位于河谷平原地段，形成了"水—田—村"的空间序列。河谷有着面积较大的平原地区供种植业发展，且生产取水便捷，生产农田将水与村间隔开，也间接防范了因水形成的自然灾害，如代基村。

（3）水田分隔式

村落位于河谷台地地段，形成了"水—村—田"的空间序列。河谷与山体相交的平原地区较少或几乎没有，水边没有足够的空间发展农业，所以生产空间被迫往台地上移动，如根扎村。

（4）水村田融合式

这类村落各个空间构成要素分布散漫，建筑布局较为分散，水流方向与村落的发展方向不一致，形成了"水、村、田"三要素相互杂糅的空间序列，如尕兰村。

2. 水环绕式

这类村落位于高山缓坡地段，村落依山就势排列，水与村落相分离，且蜿蜒环绕在山脚下，形成了"水—山—田—村—山—水"的空间序列，如春口村。

3. 直向式

这种类型的村落位于高山缓坡地段，村落与水相离，且水流方向与村落发展方向一致，排布在山体的一侧，形成了"水—山—田—村"的单向式空间序列，如银真村。

五、村落文化景观

文化景观其内核主要影响因素之一为深层的文化因素，建筑与服饰以及其他装饰物均是其载体，因文化的非实体性，使得研究图示化极其困难，故本书选取其载体及其活动场所进行表达，尽量让文化景观得以体现。在物质文化景观类型中，从以下几张图可以看出，主要为建筑景观；非物质文化景观类型中，主要包含在建筑与林地区域，其范围更广更分散，因此文化景观具有内容丰富、范围广的特点。具体文化景观细节和独特从前文第三章文化景观识别中可以窥见一二，结合文化景观特征类型图可以更加整体深入地了解到嘉绒传统村落文化景观分布情况[①]。

1. 西索村

西索村的物质文化景观主要为西索民居、卓克基官寨、丹达轮寺、定星桥、古堡、转经桥、古树名木；非物质文化景观主要为藏历年、煨桑、锅庄、打擦查、看花节、春耕仪式、编织、藏药以及服饰等。物质文化景观类型丰富且集中，非物质文化景观形式多样且具有悠久的历史和意义，能够体现嘉绒藏族的文化内核和精神，具有很高的价值[②]（图4-40）。

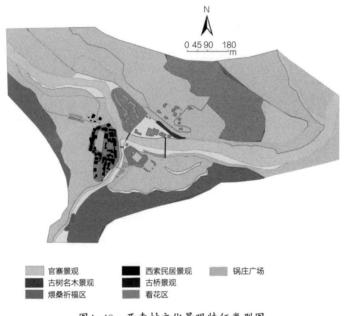

图4-40 西索村文化景观特征类型图

例如卓克基土司官寨是一座坐北朝南的建筑，在1918年末代土司索观瀛亲自设计并建造出来，具有深厚的时代特征和保存价值。与它隔河相望的西索民居则是嘉绒藏族"垒石而居"建筑风格的完美呈现，远看村寨鳞次栉比，此起彼伏地镶嵌在纳足沟旁。村落中的寺庙为丹达轮寺，修建于清代中期，原为卓克基土司家庙，历经多种教派驻寺弘法，留下大量遗存，是研究宗教发展演变过程的重要史料。西索村传统村落境内及周边现有桥梁四座，分别为红军桥、定星桥、转经桥及梭磨河上游的铁索桥。转经桥是当地藏民每每经过都会按顺时针方

---

① 王祯. 川西北地区嘉绒藏族河谷地带传统村落空间形态研究[D]. 广州：华南理工大学，2021.
② 苏悦佳，焦子芮. 浅谈四川阿坝嘉绒藏族民居的空间与行为[J]. 建材与装饰，2019（09）：63-64.

向转动经筒的地方，以积累功德，修度来生。西索村传统村落境内及周边古树名木主要分布于游客中心广场上，沿国道 317 南侧呈不均匀分布，现存 8 棵，除此之外，停车场内保留古树 1 棵，上述 9 棵古树均种植于民国时期。非物质文化达尔嘎（四土锅庄）为西索村具有代表性的传统表演。其他非物质文化如嘉绒藏族春耕仪式是流传于四川嘉绒藏族地区的一种传统农耕习俗；独特的藏族新年为阿坝州州级非物质文化遗产；煨桑、打擦查、婚俗、丧葬等民风民俗为马尔康市县级非物质文化遗产。唐卡、编制、藏族银饰以及酿酒为阿坝州州级非物质文化遗产，这些共同构成了西索村的非物质文化。

2. 色尔米村

色尔米村在物质文化景观类型中，主要为建筑景观，有色尔米古寨、官寨，其他物质文化景观有白塔、土司文书、转经筒、五彩经幡、古树名木等；非物质文化景观有藏历年、煨桑、锅庄、打擦查、看花节、春耕仪式、编织、藏药等；非物质文化景观类型中，主要是在民居周围山体上的煨桑祈福、看花打擦查等活动区域，以及参与活动时的衣着服饰与使用工具等上所承载的特有的非物质文化，这些一起构成了色尔米村独特的文化景观。色尔米藏寨保存完整，至今村民还在居住，共 54 座。村内有村属寺庙，全体村民都信仰佛教，对佛祖无限虔诚和慷慨，寺庙大多保存完好。村内有水动转经筒和手动转经筒及五彩经幡，经幡的每种颜色都有次序，打乱就不能起到护佑福运隆昌、消灾灭殃之能。色尔米村的非物质文化遗产特别之处在于保存的土司文书，虽然原梭磨土司宏伟的官寨建筑已荡然无存，只有山坡上土司碉楼的断壁残垣，但在色尔米村民手中保留着关于梭磨土司的相关文书还能证明曾经的土司岁月。挑花刺绣编织等手工技艺以及嘉绒民居的建造技艺均是色尔米村留存下来的非物质文化遗产（图 4-41）。

3. 直波村

直波村在物质文化景观类型中，主要为建筑景观，具体有直波碉群、罗尔吾楞寺、直波传统藏式民居，其他物质文化景观有玛尼堆、经幡、古树名木等，非物质文化景观有藏历年、煨桑、锅庄、打擦查、看花节、春耕仪式、编织、藏药等。在物质文化景观中，主要表现在直波碉群、罗尔吾楞寺、直波传统藏式民居，构成了直波村特有的文化景观，非物质文化依托于实体物质之上，例如锅庄是嘉绒藏族特有的嘉绒文化，是嘉绒人传递感情的方式之一，具有浓厚的文化底蕴和少数民族特色。物质文化与非物质文化相辅相成不可分割，共同构成了直波村嘉绒传统村落的文化景观。

直波村的物质文化遗产除了著名的直波南北高碉外，还有寺庙罗尔吾楞寺。后来嘉绒地区的男性根据神魂石的形状制作成嘎乌（直波大黑金刚神石），嘎乌里面装着佛像、经

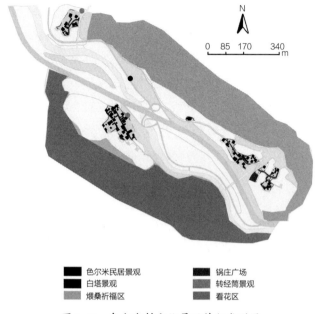

图4-41 色尔米村文化景观特征类型图

咒、金刚结等。村内山上树木繁多，几十年乃至上百年树木比比皆是，其中有好几棵百年古柏，但目前并未有林业部门挂牌。

其次还有非物质文化，骟汝节是嘉绒藏族崇拜的战神阿米郭东战胜魔王的纪念日，直波村民为了纪念民族英雄的赫赫战功，举行了盛大的纪念活动，年复一年约定俗成，成为嘉绒地区的独有节日。新年许愿祈福是我国民间的传统习俗，在嘉绒藏族地区也有着多种多样的祈福活动，为大力弘扬源远流长的祈福文化，直波村新年时会组织群众开展新年传统的"煨桑"祈福活动。全村群众都身着盛装纷纷赶到大黑金刚石广场，"为祖国祈福""为家乡祈福""为亲人祈福"。直波村的嘉绒藏族喜欢穿用麻、毡衫、皮自织、缝制的藏袍。这些都是直波村现有的非物质文化景观（图4-42）。

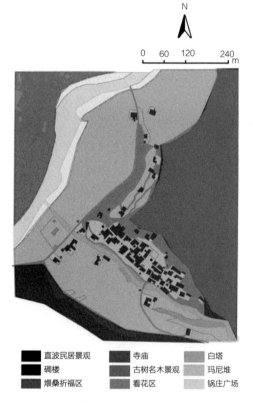

图4-42 直波村文化景观特征类型图

4. 代基村

代基村在物质文化景观类型中，具体为草登寺、嘉绒石板藏寨、白塔、转经房、转经筒、古树名木等，非物质文化景观有藏历年、煨桑、锅庄、打擦查、看花节、春耕仪式、编织、藏药等。代基村的物质文化和非物质文化都十分丰富多彩，其间深厚的佛教文化影响着整个代基村的形成与发展，在代基村的文化景观中，实体的物质文化主要体现在草登寺庙及其精美的壁画、转经筒、白塔等上，以及依附于其上的文化共同构成了代基村特有的寺庙为主的文化景观特征。

草登寺在代基村内占地83.53亩（约5.57公顷），现为保存完好的大型格鲁派寺庙之一。草登寺整体格局顺应山势展开，下低上高形成颇有气势的寺庙群，其由大小经堂、活佛寝宫、护法殿、密宗院、殊胜塔以及僧房等组成。其空间布局类似藏密曼陀罗，极为罕见，其中位于中心的显宗殿、小经堂、密宗殿、神泉象征宇宙中心的须弥山；位于四个边角的活佛寝宫、护法殿、白塔、图书馆象征四大洲；外围的环形围墙则象征铁围山。草登寺南面有一片保存较好的嘉绒石板藏寨，村内民居建筑整体保存较好。石板藏寨属于嘉绒藏族民居中的一种，形式上多为悬山式碉房。代基村民居房屋与草登寺融为一体，相辅相成。整个寨子和寺庙依山而建，民房顺坡而起。走进寨子，寨巷曲径通幽，青石板小路蜿蜒于房舍之间，草登寺庙塔尖闪着金光，自然之美与人居之美完美结合，相得益彰。其他小的物质资源有白塔，其构造由塔座、塔瓶、塔刹和塔顶四个部分组成。塔座部分由塔座、座阶、塔面（狮子座）、墥端、墙檐、塔宫等构成。正视多呈"工"字形，是塔最下面的方形基底。转经廊主要由大量转经筒构成，转经房内为体量较大的转经筒，信徒通过转动转经筒显示对佛的虔诚。煨桑是一种通过"烟火祭祀"祈愿的活动，该塔（煨桑塔）通体红色，体量较大。寺庙围墙采用本土片石垒砌，是草登寺的空间界线，象征着藏密曼陀罗中的铁围山。在代基村桥头有一片树林，都是拥有50年以上树龄的古白杨树，其中一棵有200多年历史，高高耸立于大路旁，是代基人世代的心灵瞩望和形象展示。每年春节村民会在此升起桑烟，起舞吟唱，祈愿赐福。古泉水位于草登寺内，祭祀时最早喝到该泉水的人会更加吉祥平安[①]。

其他非物质景观资源之一为传统绘画，包括草登寺壁画和嘉绒藏族绘画。草登寺壁画为代基村非物质文化遗产，产生于清朝年代，多讲述佛教故事、文化、人的生死轮回等。代基村的嘉绒藏族绘画多为清朝年间所绘，多描画菩萨、法器、花鸟等，在寺庙装潢和室内装饰、家具，以及梁、柱上都能看到此种工艺。草登石板藏寨建造技艺为传统技艺，藏寨房屋和寺庙修建，室内装饰，家具打造都能够独立完成，建造手艺都是经过长辈相传，

---

① 周详. 论社会结构与丹巴嘉绒藏寨的聚落形态［C］//中国风景园林学会. 中国风景园林学会2013年会论文集（上册）. 中国建筑工业出版社，2013：4.

技艺保存相对完整。草登传统医药有嘉绒藏族传统藏药和藏香，嘉绒藏药是人工采撷野生草药，并融合传统的藏医学理论制作而成。嘉绒藏香是通过手工和水磨坊的传统工艺制作，对其利用可展现藏香制作的历史价值，同时也可满足宗教信仰的祈福需求（图4-43）。

5. 春口村

春口村在物质文化景观类型中，主要有大藏寺、克莎民居、二号堰、观音大石碑、羊皮转经筒、修行房、酥油花、大白塔、古树名木等，非物质文化景观有藏历年、煨桑、锅庄、打擦查、看花节、春耕仪式、编织、藏药等。建筑是主要的物质文化，主要体现在大藏寺以及春口民居和少量的克莎民居上，

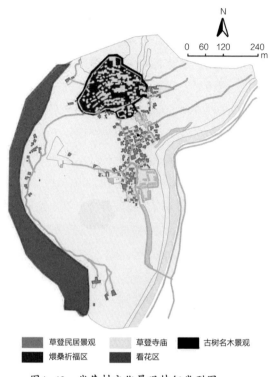

图4-43　代基村文化景观特征类型图

因大藏寺的规模宏大与悠久的发展历史，对春口村造成深远的影响。春口村的物质与非物质文化共同构成了区别于其他嘉绒村落的文化景观[①]。

春口村物质文化景观的独特之处在于大藏寺，大藏寺的大白塔（佛塔）位于大藏寺西南角，其体量巨大，足有三层楼之高，使人能在远处的山巅也能一眼瞧见。大藏寺周围有近1000 m的转经走廊，走廊中排列着建寺时期流传下来的羊皮转经筒。在藏族佛教寺庙中大都有转经筒，但大藏寺的转经筒最大的特点是其材质为羊皮，与其他地方的金属和木质的转经筒形成区别，并且虽然年代久远，但大藏寺周围转经廊里的转经筒大多保存良好且色彩清晰鲜艳。修行房位于大藏寺围墙外围的山峰制高点，用来僧侣闭关修行，也是大藏寺空间环境格局的重要元素。大藏寺中树木比较分散，仅在祈竹楼后有较为集中的树林。大藏寺的树木均为古树，不宜砍伐或移栽。石砌围墙划定了大藏寺的范围，确定了大藏寺的空间格局（图4-44）。

还有其他非物质文化景观例如石粉坛城，于每年的藏历大年初二开始搭建，为期大概五天时间，其制作工艺是用石头磨成粉末，然后上色而筑成，之后寺庙里的僧侣要念七天

[①] 多尔吉. 嘉绒藏族的房名及其文化探析[J]. 中国藏学，2023（2）：109-115，217-218.

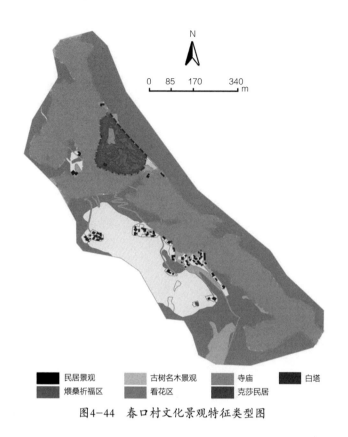

图4-44 春口村文化景观特征类型图

的经文来传达对佛国净土的崇敬和向往。还有六世达赖喇嘛传说,与观音大石石碑的树立密切相关。这些共同构成了春口村独特的非物质文化景观(图4-44)。

6. 从恩村

从恩村在物质文化景观类型中,主要为建筑景观,具体为克莎民居、古桥、古井、碉楼、白塔、古树名木等,非物质文化景观有藏历年、煨桑、锅庄、打擦查、看花节、春耕仪式、编织、藏药以及服饰等。在物质文化中,克莎民居占据重要地位,其独特的造型与承载的文化使其别具一格,在其屋顶往往建有煨桑台,是嘉绒藏族祈福祝愿的场所,体现嘉绒人对美好生活的向往与期盼。在具有嘉绒藏族传统文化的基础上,克莎民居特有的超强防御性体现从恩村嘉绒藏族独特的文化底蕴,具有极高的价值。

从恩村物质文化景观除了克莎民居,其碉楼也占据着浓墨重彩的一笔,从恩村碉楼修建于元朝,有六百多年历史,位于茶堡河东岸、聚落中部、视野开阔的台地上,碉楼高15m。历史上从恩村一带常有土匪出没;元朝时,因种植鸦片遭到政府的打击,故而修筑碉楼作防御之用。该碉楼现状保存良好,具有厚重的历史感和真实感,但目前处于闲置状态。从恩村古桥位于茶堡河西侧，与河东岸聚居点通过一座古桥联系，古桥采用石材砌筑，岁月变迁，桥上护栏几经翻修、改造，但桥身始终矗立，斑驳印痕是陪伴从恩村民的见证。从恩村域范围内，散落着数目众多的古树，大多高达20~30米，枝叶繁茂、种类繁多。可窥见嘉绒藏族人的生态伦理观，主要表现为崇尚自然、热爱自然，与自然和谐共处等方面。从恩村水系发达、水量充沛，有雪山融水还有水质良好的地下水，村落中存在的古井，距今已有五六百年历史。除了功能必要的石板外，古井边并无额外装饰性构件，也可反映出嘉绒藏族人性格中的直率和真诚。从恩村河谷地带有一座白塔，规模较大，现保存完好，是村民的祭祀祈福场所[①]。其他非物质文化景观中唐卡也是从恩村一大特色之一，其上附着的宗教文化与民族特色尤为难得，唐卡绘画主要用天然染料制成，使得唐卡在历经百年岁月后仍能够保持本色（图4-45）。

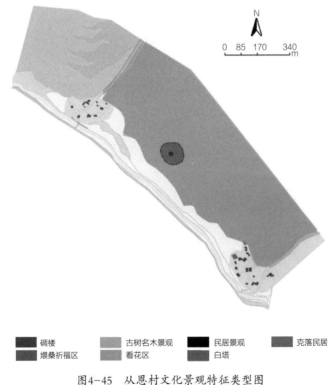

图4-45 从恩村文化景观特征类型图

---

① 侍明成. 地域基因视角下丹巴嘉绒藏族民居研究［D］. 成都：西南交通大学，2022.

第五章
川西北传统聚落的保护与发展

传统聚落既是农耕时代乡村生产、生活空间的集合体，又是传统文化传承的载体，在人类演化历程中有不可替代的作用。在快速的城镇化时代，传统聚落正伴随着交通可达性的提升而逐步消亡，这引起了文物保护、建筑规划、人类学等不同专业背景专业人士的高度关注，既有的相关研究集中在建筑空间与公共活动空间更新、乡土景观演进规律等方面，较少对其消逝肌理进行深层分析，也没有科学回答其价值体系构成。在上述背景下，着重分析川西北高原传统聚落保护与发展存在的典型问题，研究在新技术、新需求背景下传统聚落重生的机遇和条件，提出针对性更强的保护举措。

第一节　传统聚落演化中的问题

从生产方式和人群构成的视角看，川西北高原的传统聚落可以划分为三类：第一类为农耕生产特征明显的聚落，聚落人群均为本地居民，居民依然从事传统的农业生产活动，以农产品的直接产出及销售为主要经济来源。第二类为旅游开发特征明显的聚落，本地居民生产方式发生分化和明显改变，一部分居民继续从事传统的农耕生产，一部分则进行商品买卖、旅游服务等，非农收入成为聚落的主要经济来源；聚落人群构成特征也发生明显改变，常住人口中增加诸多外来人员，有大量的流动人口，聚落拥有现代城镇具有的一般功能。第三类为混合型传统聚落，其典型特征是旅游开发处于初级阶段，聚落中仅开发了少量的民宿或其他新型非农产业，有极少量的外来人口从事民宿服务，绝大多数居民仍从事传统农耕生产。这三类传统聚落在当前的演化进程中分别呈现出不同的问题，分而论之。

一、农耕型传统聚落

川西北高原地域广阔、山高沟深、地广人稀，至2022年底，每万平方千米的土地上仅有行政村160个，村落密度远远低于内地地区，交通网络通达性差，使得偏远地区仍保留着大量的农耕型传统聚落。在对外通达条件不断改善、外来旅游文化侵入的背景下，农耕型传统聚落普遍面临人口流失、空心化等问题及挑战，原住民的大规模流失加速了聚落物质空间的衰败，散落于各地的地域化文化随之逐步消失。在此消亡过程中，部分传统聚落可能拥有独一无二的地方性价值，但尚未被外界发现和记录前，即快速消失，使得人类瑰宝未以任何方式保存，成为最突出的问题。

传统民居作为传统聚落的核心物质空间，承载着重要的生产、生活空间基因，但在生产力大幅提升条件下，传统民居因其居住安全性、舒适性差，且未进行租赁或作价入股等，没有带来实际的经济收益，被居民大规模拆除，从基于产权处置的视角看，有其必然性。但作为物质载体其承载着传承民族传统建筑技艺、展现不同阶段生活方式的重要功能，也是祖辈的精神寄托。以"无用"而简言以蔽之，进而拆除重建，对民居主人似乎毫无留恋之情，但对整个民族文化传承可能极为不利。

二、旅游型传统聚落

川西北旅游型传统聚落主要分布在高速公路、国省道等交通干线两侧。例如，汶川县萝卜寨、阿坝州理县桃坪羌寨与甘堡藏寨、黑水县色尔古藏寨、马尔康市西索村、甘孜州丹巴县甲居藏寨与莫洛村、乡城县仲德村等。在川西北拥有极为富集的旅游资源条件下，传统聚落因其旅游吸引力相对不足，且受语言技能、文化信仰等生活习惯影响，川西北传统聚落旅游开发进程相对较慢。旅游型传统聚落在发展与演化进程中普遍存在以下典型问题。

1. 价值认知上存在重大偏差

对传统聚落原住民以及外来投资商、务工人员，甚至是地方政府决策者而言，对传统聚落的定位认知主要停留在旅游吸引物层面，对传统聚落价值体系不甚了解，主要关注物质空间保护与利用问题，认为物质空间是核心甚至是唯一吸引物，物质空间保护良好、旅游服务与宣传有效跟进，便能得到持续的经济收益。这是当前旅游型聚落保护和开发中存在的主流观点，建筑、文化学者等关注的与物质空间伴生的传统生产、生活方式等非物质遗产或旅游吸引物，当地的常住居民未给予足够的关注和重视[①]。这些非物质空间资源消失，可能对旅游客流影响不大，但是，却不符合整体性保护的基本原则，传统聚落所独有的历史价值、社会价值与教化价值受到极大影响，对旅游需求层级更高的人群而言，旅游吸引物丧失或残缺，不利于发展休闲、度假等更高层次的旅游产品，基于旅游开发保护传统聚落的总体目标也未能实现。

2. 利益驱动下功能业态趋同

当前，典型传统聚落保护的出发点大都基于商业开发的目的，因此，相应的保护举措中更加关注物质空间更新与现代功能的植入问题，对于隐性的文化景观基因关注严重不足。而内在的、无形的文化景观基因才是传统聚落的"灵魂"。旅游吸引物主体功能丧失或

---

① 王竹，王韬. 主体认知与乡村聚落的地域性表达[J]. 西部人居环境学刊，2014，29（3）：8-13.

不够突出，聚落空间功能的同质化和商业化特征明显，是旅游型传统聚落普遍存在的问题。

三、混合型传统聚落

混合型传统聚落往往将少量的传统民居改造为拥有现代功能的民宿，或在聚落外围新建现代化酒店，形成传统聚落与新式建筑共存的局面，其对传统聚落的影响主要体现在生产方式的变迁方面。例如，距离阿坝州九曲黄河第一湾景区不足1km的若尔盖县唐克镇俄色村，近年来新建了云途星空牧场酒店，为俄色村20多位村民提供了就业机会，在日常工作中，村民发现了旅游住宿存在巨大的经济收益空间，促使他们自觉地放弃传统的游牧方式，着手发展初级民宿，生产方式的变革使得地域传统的游牧文化逐步消失。而基于传统民居改造而来的民宿，也存在相同或类似的问题，生产方式的变革，使得传统的生产经验逐步被遗忘，传统生活方式快速被现代生活方式所替代。如果对上述问题不给予足够重视，代际轮换后，传统的地方性知识和文化将不复存在。

第二节　传统聚落消逝的机理

根据马克思唯物史观，生产力决定生产关系，传统聚落空间形态与生活方式的涌现，与阶段性、地域性的生产能力紧密相关。

在传统的农耕社会，川西北高原农业生产主要依靠劳动力和畜力，且在聚落之间和民族之间经常面临土地资源争夺、盗抢生产资料等问题。因此，传统聚落向心性特征明显，相近的血缘和亲缘的居民大都集聚在一起，既便于农耕生产也有利于防卫。这种现象在羌族聚落中更为明显，民居建筑的楼宇之间有空中便道相连，在紧急情况下可以实现相互支援。受生产力弱影响，建筑材料难以从外地低成本、大规模地获取，川西北民居建筑耗材均以本地材料为主，石木结构是主要类型，民居内建筑空间往往狭小，为更好地防寒与防御，窗户外部界面往往较小、采光较差，室内缺少现代化的厨卫条件。

除传统民居外，在聚落内部与边缘，川西北高原建有独特的碉楼建筑，主要包括家碉、寨碉、阻击碉、烽火碉等类型。在碉楼诞生之初，其首要功能可能与周边的神山交往[1]，后期演化为防御功能，碉楼可以实现瞭望警戒、自卫等。当前遗存的碉楼主要分布

---

[1] 石硕. 隐藏的神性：藏彝走廊中的碉楼——从民族志材料看碉楼起源的原初意义与功能[J]. 民族研究，2008（1）：56-65，109.

在丹巴、金川、马尔康、小金等嘉绒藏区，以及理县、黑水、茂县、汶川等羌族集聚区。此外，雅砻江流域中段、金沙江流域中段等地区也建有少量碉楼，例如，道孚、新龙、雅江、德格、白玉等地区，总体规模较小。在信仰淡化和太平盛世时代，碉楼的传统功能已逐步丧失，大量碉楼缺少价值认同，任其衰败。

改革开放以来，伴随着生产工具的改进和生产效率的提升，以及1998年后开始实施天保工程后，川西北乡村地区出现了大量的劳动力剩余，而大中型城市城镇化开始起步，能有效地吸纳大量的低技能群体，乡村和城市分别产生了"推力"和"拉力"，在两方作用力机制下，传统聚落劳动力开始出现外迁，传统农耕社会的生产关系开始快速瓦解，族群居住的社会根基开始出现动摇，核心家庭结构越来越占主导[①]。在就业多元化背景下，基于土地产出的经济收益在家庭收入中的比重明显下降，居民对土地、水源等生产资料的依赖度下降，聚落之间或更大规模的持械斗殴现象基本绝迹，碉楼建筑功能也丧失殆尽，逐步失修，开始出现小规模的倒塌、倾斜等。传统生产关系的动摇必然带动着当时与之相伴生的物质空间和人文空间的逐步消逝。

近年来，部分旅游资源丰富的传统聚落以旅游开发为契机，试图将传统文脉延续下来，相较于传统的农耕聚落，虽然没有出现"人去楼空"的局面，物质空间中的民居建筑、街巷空间等得到了局部保护，但是与之相伴生的社会人文空间，伴随着生产方式的更迭和生活方式变化而逐步消失。从经济产出视角看，依附于商品流通和旅游服务等第三产业特征明显的新谋生手段，显然高于依附于土地的传统农业生产，在以经济发展为纲的价值观下，居民会自觉地放弃传统的农耕或游牧生产方式，转向经济产出更高、更加轻松和"体面"的第三产业，也不符合传统聚落整体性保护的基本原则，且全国均呈现类似的现象，旅游景区的商业化使得传统聚落没有实现原生性的"活化"，仅保留了物质空间的"躯壳"。

生产力对传统聚落空间影响机制如图5-1所示，其中生产力更迭是最重要的源动力。

总体来看，传统聚落的逐步消逝是生产力更迭条件下的一种难以规避的社会现象。大量的传统聚落之所以衰败或消逝，主要原因是农耕时代受有限的生产力约束，建设的民居空间不适应现代社会功能需求。生产方式的巨变使得既有的社会关系逐步解体，建构在传统的生产关系和社会结构之上的空间形态没有存在的基石。换言之，农耕时代的聚落物质空间难以适应现代的生产关系和生活需求，这是传统民居与传统建筑逐步消逝的根本内因。

---

① 杨贵庆. 有村之用：传统村落空间布局图底关系的哲学思考[J]. 同济大学学报（社会科学版），2020，31(3)：60-68.

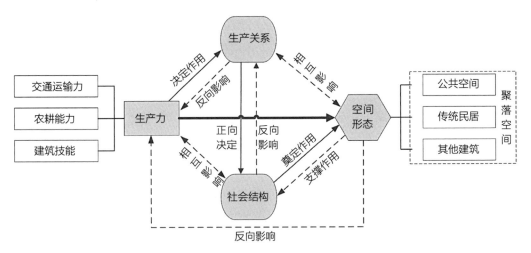

图5-1　生产力对传统聚落空间影响机制

当前的矛盾焦点是上述传统聚落不适应现代生活需求，但承载着特定时期地域化的生产、生活方式记忆功能，是珍贵的地方文化遗存的空间容器[①]，是人居文明的重要构成主体，理论上应保留少量的空间载体，用以文化纪实。但是，在具体的保护路径与举措上，尚未探索出行之有效的对策体系。

总体来看，生产力在传统聚落形态演变与功能变迁方面起到了决定性的影响作用，其中交通运输力的大幅提升起到核心作用，直接促成了现代经济发展要素的空间流动，打破了传统聚落自给自足的生产与生活方式。

1. 交通运输技术变革影响

纵观人类近200年的快速城镇化历程，交通运输条件对地区社会经济发展有重大影响，交通运输能力的发达程度直接决定了技术、资本、人力、管理经验等要素的流通规模。

川西北高原保存有大量传统聚落的重要原因是长期以来交通发展明显滞后于内地，在2008年汶川地震后，作为灾害重建项目，都江堰至汶川高速于2012年底贯通运营，是川西北高原首条高速公路。都汶高速贯通后，大量的资本和游客进入岷江上游及其支流河谷，大量的旅游型村寨如雨后春笋般蓬勃兴起，极大地加速了沿线藏羌传统聚落生活方式的转变。

---

① 杨贵庆. 有村之用：传统村落空间布局图底关系的哲学思考[J]. 同济大学学报（社会科学版），2020，31（3）：60-68.

而至甘孜州首府康定市的高速公路于2019年才建成，且建成线路里程仅有45km，在15.3万km²的行政区范围内，除大幅度提升了泸定和康定对外通达条件下，其他地区交通可达性仍较低，受落后的交通条件限制以及旅游资源富集度影响，甘孜州目前旅游型村寨数量明显小于阿坝州，此举有力地延迟了传统聚落的消逝速度。

在更加发达的交通运输支撑条件和多元的信息化条件下，游客为相对封闭的川西北高原带去了新的消费理念，本地居民也更加方便地走出去，将他们公认的先进生产生活方式带回，加速了传统生产生活的消逝。

2. 社会变迁对居住空间影响

在传统的农耕时代，小家庭应对自然灾害与盗抢等行为的能力较弱，大家庭组织模式有利于形成合力，提升生产效率和保护生产资料。因此，在生产能力较低的社会里，基于血缘、亲缘为纽带的社会关系维系着大家庭和族群居住模式，进而影响了聚落形态。随着越来越多的居民从事非农生产方式，传统大家庭开始解体，核心家庭成为聚落构成主体，与之相匹配的建筑聚落空间适应性面临重塑的必然。

3. 生活方式变更下传统聚落的空废

受生产力条件限制，川西北高原传统民居普遍具有房间狭小、采光不足、厨卫条件差等问题，不能适应现代生活需求，在经济条件允许的条件下新建房屋成为必然，加之川西北高原诸多传统聚落受地质灾害胁迫影响，在易地搬迁政策支持下，传统聚落出现明显的空废现象成为必然。加之，近年来国家实施了藏区新居建设计划，在政策的激励下，传统民居新建步伐明显加快，为加快施工进度，诸多建筑实施了传统技法与现代技法相结合的方式，例如，受力结构上采用钢构，外墙采用传统的石木，风貌上与传统建筑无异，但功能上远远强于传统民居。

第三节 传统聚落的价值思辨

长期以来，我国学界对传统聚落拥有的价值体系缺少深入研究，尚不能系统地回答为何保护、保护什么等科学问题。使得传统聚落保护缺少相应的理论支撑，地方政府在实践工作中也存在相应的疑惑，不能清晰回答传统民居留存的价值，致使权属人"自毁"现象越燃越烈。厘清传统聚落的价值体系构成，是科学回答上述问题和明确保护路径的基本前提和理论起点。

一、传统聚落价值体系

川西北传统聚落与一般村落相比，在拥有常规的农业生产价值、村落生态价值和教化价值的基础上[①]，往往拥有更加明显或独特的历史价值、科学与艺术价值[②]，能够集中反映这一地区不同历史时代的生产、生活方式。

例如，道孚县片区的崩科建筑，有极具鲜明的科学价值与艺术价值，当下仍能从建筑结构中汲取抗震设计的经验，科学价值巨大，而其装饰融民族风情、绘画、雕刻等融为一体，极具艺术价值。

再如，位于新龙县切衣村与壮巴村之间的波日桥，被誉为"康巴第一桥"，采用了伸臂式设计手法，历经百年而不倒，具有极高的历史价值与科学价值，展现了藏区人民高超的设计水平。

而散落于川西北不同流域、不同文化分区的传统聚落，则能有效地展示嘉绒、木雅、白马、安多、格萨尔等不同藏族分支发展演变中的历史价值。传统聚落的价值体系构成如表5-1所示。此外，得益于资源的稀缺性，在旅游时代，传统聚落往往可以进行更好的旅游开发，具有一定的经济价值，从而带动聚落人群生活水平的提升，衍生明显的社会价值。

传统聚落的价值构成　　　　　　　　　　表5-1

分类	包括内容
生产价值	传统的农业生产、乡村手工业生产、旅游开发
生态价值	建构在传统的生产、生活方式之上，资源开发和利用"取之于土、用之于土"，形成了循环利用的生产与生活经验
科学与艺术价值	传统规划选址、建筑技艺等
历史价值	集中展现特定历史阶段，地域化的居民生产与生活方式
教化价值	基于乡村文化特有的乡规民约、民俗习性等

传统聚落是农耕生产、社会民俗、乡土文学等价值传承的物质载体，是一个地区特有的空间基因的集中体现和文化标识，是中华人居文明和农耕文明的重要构成部分，传统聚

[①] 罗康智. 中国传统村落的基本属性及当代价值研究[J]. 原生态民族文化学刊，2017，9（3）：76-81.
[②] 屠李，赵鹏军，张超荣. 试论传统村落保护的理论基础[J]. 城市发展研究，2016，23（10）：118-124.

落是农耕文明的根源和精髓[①][②]，对于传承与延续中华文明基因有重要意义。川西北高原是我国藏羌彝走廊的起点，也是古羌人南移进而分化出彝族、纳西族、傈僳族等少数民族的重要路径节点，大量的生活习惯、宗教信仰、语音符号等蕴藏在传统聚落中，一旦传统聚落消亡，上述非物质文化也将不复存在。因此，为更好地研究华夏民族起源，尤其是西南少数民族演进历程，保护川西北高原传统聚落异常重要。

传统聚落具有的多元价值中，科学与艺术价值、历史价值具有明显的不可再生性，一旦传统聚落物质空间消亡，即不可弥补，属于不可再生资源，在价值体系中处于更加重要的地位。而其具有的生产价值和生态价值，伴随着社会生产力的持续提升，传统的农耕生产方式必然会大规模地退出历史舞台，正如木犁耙被铁犁耙取代一样，无须因为落后生产力的消逝而过度感怀，一种落后的生产工具给人带来的情感追忆，更多的是苦楚的记忆，远不及简易的、粗糙的消费玩具。因此，从历史演进的视角看，朴素的生活观拥有的教化价值更值得保留，循环利用的生产方式也应适度保留，其蕴含的潜在价值可能尚未被发现。例如，基于传统的土肥生长的农作物与现代化肥催生的农作物，在营养构成、对健康的影响等方面的研究远远不够，一旦传统的生产方式消逝，则无法进行比较研究。

从传统聚落具有的价值归属看，绝大多数价值属于公共价值的范畴，即属于地区所有的居民。少量的价值属于特定的群体，例如，情感依赖价值，对于参与过较长时间农耕活动的人群及在乡村长大的人群，传统聚落是其精神家园，社会记忆是传统聚落的核心价值，对于这类记忆价值，相应的社会贤达应更加积极地进行保护。

二、旅游活化主要问题

少量历史建筑成片、保留着传统机理格局与历史风貌且比邻交通干线的传统聚落，较早地提出了基于旅游开发活化保护的方式，试图扭转和减缓传统聚落颓废的历史进程。但是，相关地方政府与设计单位对传统聚落价值体系的认知不到位，导致在具体的保护与开发中，主要关注物质空间更新，而对旅游开发后出现的新型社会组织关系缺少深入研究与思考。所建构的物质空间难以适应新型生产方式、生产关系对社会组织、生活方式重塑的需求，普遍出现了土著与传统建筑分隔或分离的问题，使得传统聚落具有的综合价值未充分发挥出来，是当前传统聚落在旅游活化保护中普遍存在的问题。从风貌保护的视角看，物质空间总体上得到了有效保护，但是，聚落生产功能发生了急剧变化，生活方式在短期

[①] 王小明. 传统村落价值认定与整体性保护的实践和思考[J]. 西南民族大学学报（人文社会科学版），2013, 34（2）: 156-160.
[②] 汤移平. 基于遗产价值认知的传统村落保护规划研究——以钓源村为例[J]. 农业考古，2021, 175（3）: 263-271.

内也出现了突变,呈现出明显的"商业化"特征,与保护之初的"活化"目标差距甚大,直接表现为"望得见山、看得见水、乡愁不复存在"。

自丽江模式提出后,历史文化名城、名镇、民村、传统风貌区与传统聚落无一不将旅游开发和活化作为其重生的重要路径,但经过若干年的实践后,发现不论是位于城区内部的历史文化街区,还是城区之外交通区位相对偏僻的古镇、古村,或者是基于大地景观的自然保护地,甚至是无任何历史底蕴的新建民俗园区,国内学者普遍认为均具有明显的商业化特征(表5-2),抑或商业化过度,商业化似乎是旅游开发过程不可缺少的伴生品。

旅游景区商业化　　　　　　　　　　表5-2

分类	典型案例	文献出处
历史文化街区或传统风貌区	厦门鼓浪屿	柯颖翔(2021)[①]
	南京夫子庙	夏雪莹(2020)[②]、钟思琪(2017)[③]
	成都宽窄巷子	李智莉(2022)[④]
	西安回民街	陈晨、陈志钢(2021)[⑤]
	阳朔西街	吕本勋(2014)[⑥]
	凤凰古城	熊礼明、李映辉(2012)[⑦]
历史文化名镇、名村与传统聚落	周庄	徐静(2013)[⑧]
	乌镇	郑艳芬、王华(2019)[⑨]
	西江千户苗寨	唐璐等(2019)[⑩]
自然保护区、国家地质公园	喀纳斯	孙九霞、史甜甜(2012)[⑪]

[①] 柯颖翔. 历史文化街区商业化对游客行为意愿的影响研究——以鼓浪屿为例[D]. 厦门:厦门大学, 2021.

[②] 夏雪莹. 旅游商业化背景下历史文化街区地方建构研究——以南京夫子庙为例[D]. 南京:南京大学, 2020.

[③] 钟思琪. 南京夫子庙历史文化街区旅游商业化研究[D]. 南京:南京大学, 2017.

[④] 李智莉. 历史文化街区旅游商业化对旅游者推荐意愿的影响研究[D]. 泉州:华侨大学, 2022.

[⑤] 陈晨, 陈志钢. 旅游者商业化符号感知与体验真实性研究——以西安回民街为例[J]. 浙江大学学报(理学版), 2021, 48(2): 249-260.

[⑥] 吕本勋. 历史古街区旅游商业化现象可持续发展动力协调研究——以阳朔西街酒吧为例[J]. 广西经济管理干部学院学报, 2014, 26(2): 80-85.

[⑦] 熊礼明, 李映辉. 古镇旅游商业化探讨——以凤凰古镇为例[J]. 资源开发与市场, 2012, 28(3): 285-288.

[⑧] 徐静. 周庄古镇旅游商业类型、布局与规模研究[D]. 芜湖:安徽师范大学, 2013.

[⑨] 郑艳芬, 王华. 历史城镇旅游商业化的创造性破坏模型——以乌镇为例[J]. 旅游学刊, 2019, 34(7): 124-136.

[⑩] 唐璐, 张全晓, 张忠训. 西江千户苗寨旅游商业化发展的演进与反思[J]. 科技和产业, 2019, 19(12): 28-33+68.

[⑪] 孙九霞, 史甜甜. 旅游商业化的社区治理研究——以新疆喀纳斯社区为例[J]. 中南民族大学学报(人文社会科学版), 2012, 32(3): 47-52.

续表

分类	典型案例	文献出处
重点文保单位	布达拉宫	梁坤、罗爽（2019）[①]
	嵩山少林寺	刘爱利等（2015）[②]
民俗园区	西双版纳傣族园	黄锋、保继刚（2022）[③]

（资料来源：根据上述文献整理）

传统聚落过度的商业化无疑拥有明显的负效应。在全国类似的传统聚落旅游活化案例中，出现了旅游客流量与商业化明显正相关的现象，在拥有较大旅游客流规模的同时，几乎难逃商业化冲击。在年游客量超过300万人次的（古）镇村中，陕西省礼泉县袁家村是全国极少量未出现明显的商业化特征的成功案例，或者说其自身以小吃、民宿为旅游吸引物的发展模式，不同于传统的观光型传统聚落，从其主要店面类型构成结构看，以工艺品销售为单一功能的数量整体较少，不同于传统观光型传统聚落游客以"逛"为主的客流组织模式。袁家村对外以"关中印象体验地"为宣传口号，关中餐饮与民俗是其核心吸引物，在民俗文化保护与传承中，袁家村并没有采用其他景区常用的文艺演出收费的方式，而是重组了礼泉县秦腔人民剧团，成立了皮影协会保护组织、民俗文化研究会等非营利组织，专门从事民俗文化的展示、挖掘与传承，其相关人员的工资收入由袁家村村委统筹考虑发放。游客未购置文艺演出票，却享受了地道的民俗演出享受，商业化的印记自然不明显，实现了较好的旅游活化，为其他传统聚落提供了借鉴经验。

传统聚落的旅游开发存在利弊两个方面[④]，其积极意义主要表现在为地区经济发展提供了新的增长点，为当地居民提供了新的就业岗位选择机会，相应的经济收益可以用于建筑物修缮、公共空间改善等，使得聚落物质空间得以有效地更新，极大地延缓或扭转了其衰败之势，也提高了居民生活质量。与此同时，外来旅游人群带来了新的思想和生活方式，使得传统的生产和生活方式发生明显改变，物质空间得到更新的同时，非物质文化遗产逐步消失，切断了当地居民的地方依恋感，逐步成为一个纯粹的商业空间，与地方政府开发初衷差异大。

---

① 梁坤，罗爽. 布达拉宫旅游商业化的社区治理研究——基于权力与利益的视角［J］. 世界地理研究，2019，28（5）：191-199.
② 刘爱利，涂琼华，刘敏等. 宗教型遗产地旅游商业化的演化过程及机制——以嵩山少林寺为例［J］. 地理研究，2015，34（9）：1781-1794.
③ 黄锋，保继刚. 旅游商业化"家空间"的代际权力关系与领域构建——西双版纳傣族园案例［J］. 地理科学进展，2022，41（5）：867-879.
④ 李志飞，赵佳玮. 历史城镇旅游商业化：一个中外比较研究［J］. 武汉商学院学报，2020，34（6）：5-11.

旅游型传统聚落如果对过度商业化问题不足够重视，在运营的后期往往会出现多方均不满意的局面。对外来旅游群体而言，没有体验原真性的文化；对政府而言，没有进行有效的整体性保护；对当地居民而言，参与旅游的局面获得了一定的经济收益，而没有参与旅游的居民，既没有获得相应的经济收益，日常平静的生活方式也受到了极大的影响，既有的情感依赖载体也不复存在。因此，对旅游活化过程中存在的正负效应应进行统筹考量，袁家村案例无疑提供了良好的利益分担机制，使得民俗作为一种旅游吸引物资源，在发挥经济效力的同时，能更好地传承下去。

活化就是要构建新的经济生产关系[①]，旅游开发把传统聚落作为一种生产空间保留下来，但新型的生产空间不必是农产品生产，可以是基于新技术、新需求背景下的文化创意、旅游休闲等消费业态，形成新的经济空间，这应是传统聚落活化的基本逻辑。经济空间背后的文化空间有更重要的保护价值。例如，在端午节传承挂艾草、晒雄黄等传统民俗，以及地域性的非物质文化遗产及其他文化吸引物的传承。实现传统聚落要素与现代功能的有机结合，赋予传统聚落乡民追求现代化的权利，需全社会达成共识。

三、传统聚落的价值重塑

传统聚落的价值是高度复合的，对于不同类型的传统聚落保护，应首先对其拥有的价值进行等级评定，根据其存在的稀缺度、现代价值等因素判定哪些是核心价值，哪些是次要价值，对于濒临灭亡、极为稀缺的予以重点保护。

应正确认识传统聚落的内在价值，对建筑空间而言，其街巷肌理、建筑院落之间的和谐关系都是在特定的社会关系与生产方式之下诞生的，除了承载美学价值之外，也拥有厚重的历史价值。而对绝大多数一般建筑物而言，其最大的价值应是隐藏于建筑空间之后的传统工艺和匠法，尤其是那些具有较高科学价值和艺术价值的技法，只要上述技法不中断，具有明显地域文化的建筑将不断出现。从这个意义看，袁家村新建的建筑在当前不具有历史价值，但是，在百年之后应该列入历史建筑序列，其中具有明显历史价值、科学价值和艺术价值的建筑甚至可以列为文物。袁家村采用传统技法新建关中民居的做法不失为价值重塑的典范。

非物质文化遗产具有地方性、可体验性和不可模仿性等特征[②]，在旅游开发过程中往往得不到足够的重视，或缺少有效的保护与传承路径，在短期内消失或出现无人传承的问

[①] 吴必虎. 基于乡村旅游的传统村落保护与活化 [J]. 社会科学家，2016, 226 (2)：7-9.
[②] 章牧. 非物质文化遗产活化研究——基于文旅融合的视角 [J]. 社会科学家，2021, (6)：15-20.

题。之所以出现上述问题的重要原因是人们休息娱乐方式更加多样化，以及生产方式更加自动化和高效化，与现代娱乐与生产方式相比，非物质文化遗产显然"低效"，但并非意味着非物质文化遗产没有现代价值，只是没有找到合适的激活方式和路径而已。礼泉县袁家村案例即提供了良好的经验，将剪纸、秦腔演出等非物质文化遗产集中于景区，为游客提供无偿展示、体验服务，增强了景区吸引力，从景区其他收益中对非物质文化遗产传承人予以经济补偿，实现了其价值重生。

第四节 传统聚落重生的条件与机遇

川西北高原拥有丰富的传统聚落资源、得天独厚的自然景观禀赋、厚重的民族地域文化，在高等级交通网络连通度和可进入性不断提升背景下，在旅游经济快速发展时代条件下，通过合理的政策设计，有利于传统聚落的重生。

一、丰富的原真性聚落资源

受高山深谷、高寒低温等自然条件以及宗教信仰影响，川西北高原社会经济发展长期处于自给自足状态，缺少对外联系的高等级交通网络，缺少资金、技术、人才、管理等外部要素进入。至2023年6月，境内仅建成了康定至成都（2018年底开通运营）、马尔康至成都（2020年底开通运营）两条高速公路，在川西北下属的31个县级行政单元中，仅有汶川、理县、马尔康、泸定、康定5个县市实现了高速公路的直接连通，阿坝县仅部分路段开通了高速公路，尚未实现与成都的直通。

一级公路严重缺失，至2022年底，仅甘孜州在康定城区段建成了3.0km一级公路，阿坝州在马尔康市城区段建成了4.3km一级公路，绝大多数国省道尚未达到二级公路标准（表5-3）；除技术等级低外，还存在路网密度严重偏低的问题。以甘孜州为例，国省县乡四级等级公路的路网密度之和为6.47km/百km^2，县城仅实现三级公路对外联系，多个县城对外公路未达到二级公路标准，而二级公路才是规范意义上的高等级公路。

川西北高原交通网络通达性、可靠性和快捷性均严重滞后于旅游需求，加之境内有大量的知名度较高的旅游资源，当前外来旅游人群主要集中在交通干线两侧的主要景区及网红打卡地，未深入到"山高路远"的腹地。在外来文化尚不够发达的条件下，使得大量的传统聚落得以原汁原味地保留下来，为当前的保护发展提供了时间窗口。

2019年甘孜州主要公路行政等级与技术等级统计（千米）　　　表5-3

名称	合计	一级公路	二级公路	三级公路	四级公路	等外公路
国道	3418	0	588	2377	391	60
省道	2278	0	29	848	1377	22
县道	566	0	0	0	566	0
乡道	3639	0	0	0	3639	0
合计	9901	0	617	3225	5973	82

（资料来源：根据《四川省2020年度公路统计年报》整理）

虽然近年来旅游开发进程大幅加快，但是，得益于川西北高原地广人稀的特征，旅游流空间分布整体上仍以国省道上的主要景区为载体，大量的一般型传统聚落鲜有外来游客进入，使得外部干扰较少，加之康巴藏地特有的宗教信仰和更加淳朴的生活观，使得当前保留有大量的传统聚落，其中保护价值巨大的传统聚落数量不足少数。以甘孜州为例，仅中国传统村落就有70余个，占全国总量（至2023年年中已有8155个中国传统村落）的近1%；四川省传统村落数量也居第一名，在2023年公布的首批四川省传统村落中，甘孜州即拥有268个，占全省数量（1165个）的23%。对甘孜州而言，仍有大量的传统聚落尚未纳入上述传统村落保护体系，亟待探索基于文化自觉的保护制度。

至2022年底，川西北高原共有3769个行政村，其中列入中国传统村落的数量为147个，另有四川省传统村落360个，扣除重合的传统村落，包括约500个国家级和省级传统村落，仅占全部行政村数量的13.3%。从自然村或聚落的视角看，有大量的传统聚落尚未被发现，亟待挖掘与积极保护。

二、乡村振兴政策持续扶持

2017年10月，党的十九大提出乡村振兴战略，为民族地区社会经济发展落后的传统聚落注入了政策活力。虽然当前国家与省市县层级出台的第一轮乡村振兴规划大都实施完毕。但是，党的二十大再次提出全面推进乡村振兴，在2017~2022年乡村振兴的基础上，进入了新的发展阶段，在制度框架和政策体系基本形成的基础上，继续探索针对性更强的扶持政策与现实路径，在2035年实现农业农村现代化。

以甘孜州为例，积极全面对标中央、省委农村工作会议及中央、省委一号文件精神，2022年出台了《甘孜州乡村振兴"双百工程"建设实施方案》，2022~2026年，每年拟建设乡村振兴示范村100个，并选择入选中国传统村落的16个村进行更高层级的美丽乡村建设。2023年，州委州政府联合下发了《关于做好2023年全面推进乡村振兴的意见》。一系列政策文件为传统聚落的振兴发展提供了有力的保障条件。

对川西北高原，脆弱的生态条件决定了其传统聚落振兴发展只能走生态经济的道路，旅游作为无烟产业，是生态经济的主要类型。川西北高原凭借世界级的自然和文化景观禀赋，无处不在的大地风景和人文资源，以及巨大的客流腹地市场，具有全域旅游、无目的旅游的独特优势，川西北高原乡村旅游面临得天独厚的条件和时代机遇。而传统聚落拥有更加富集的建筑瑰宝资源和民俗文化，有着更好的旅游开发条件。在乡村振兴背景下，宜率先着重进行保护和发展。

三、乡土度假旅游蓬勃发展

旅游经济从初级的观光游向度假游递进是普遍的规律，对于依托传统聚落的乡村旅游而言，受建筑风格的差异性影响，在较大的区域范围内，观光游能带动的传统聚落数量有限，旅游客流往往集中在传统风貌保护较好、集中连片的少数几个聚落中。例如，川西北高原先期开发的汶川萝卜寨、茂县坪头羌寨、理县桃坪羌寨等。而度假游有着更强的带动能力，且其选址更加倾向于自然景观优美、文化底蕴深厚、人口规模偏小的聚落周边，例如，丹巴县甲居藏寨基本实现了由观光游到度假游的转变，而中路藏寨则直接进入度假游为主的阶段。

目前川西北高原存在大量尚未景区化改造的传统聚落，得益于罕见的高山峡谷地貌或雪山、草原等自然禀赋资源，以及厚重多元的藏文化与羌文化，在夏秋两个季节有发展度假游的良好条件。加之，近年来山地度假游与亲近自然的无目的旅游蓬勃发展，都为其发展提供了难得的时代机遇。

四、运输网络支撑要素流动

交通是一个地区稳步发展的基本前提，具有基础性和战略性的特征。自2008年四川省提出建设西部综合交通枢纽战略以来，在灾后重建资金和中央转移资金的巨大支撑力下，川西北高原对外交通水平大幅提升，有效地促进了发展要素的双向流动。

在铁路方面，（四）川青（海）铁路之成都至川主寺（黄胜关）段将于2023年底开通，作为国家"八纵八横"高铁网络中的一段，其设计车速为200km/小时，待全线贯通后，将极大地支撑九寨沟、松潘、若尔盖等地区发展。此外，川藏铁路已开工建设，预计2032

年后将建成，届时将成为川藏之间最快捷的通道，为甘孜州沿线地区发展提供强大的动力支撑。在旅游交通方面，上述两条铁路均以成都为起始点，受益于成都市强大的旅游中转职能，将为川西北铁路沿线提供大量的"顺带性"旅游客流，即往来人员依托便捷的出行条件，在成都完成商务差旅、探亲、旅游后，至周边地区旅游；此外，大量的进藏客流也会选择在川西地区停留，逐步适应高原气候后再进入西藏。

在高速公路方面，目前已建成成都至马尔康高速、成都至康定高速公路，在建马尔康至青海久治高速（阿坝县境内部分区段已运营）、康定至石棉高速公路，在建高速预计在2024年运营，届时川西北与成都平原城市群的联系将更加便捷。此外，根据工程建设前期推进工作进度，近期康定至新都桥高速（79km）即将全线开工，另外将建设成都至汶川第二高速（84km）、汶川至茂县至松潘至川主寺高速（198km）、川主寺至郎木寺高速（194km）、康定至马尔康高速（238km）等，上述高速建成后，阿坝州县市中除壤塘县外，其他县市出行条件将得到大幅改善。甘孜州康东地区对外交通条件也将大幅提升，为地区发展提供更好的交通保障能力。

在川西北内部交通方面，自2005年我国实施了社会主义新农村建设以来，乡村地区交通条件大幅提升，当前川西北高原所有行政村均实现硬质路面铺装。主要乡镇均有县道及以上公路连通，与2000年相比，交通通达条件已大幅改善，为城乡要素流动提供了前提条件，但公路技术等级仍然整体偏低。

总体来看，至2030年前后，待上述高速公路项目全部建成后，川西北高原与内地联系将更加便捷，将诱发更多的游客至川西北高原旅游消费。沿线交通区位条件相对较好的传统聚落在面临更好的发展机遇的同时，如果对传统风貌管控不到位，对传统民居不适应现代生活需求的不足之处不进行改良，可能会出现聚落价值整体遗失的问题，也应值得高度重视。

五、互联网弱化空间区位

移动互联网催生了大量的新型生产方式和消费方式。例如，依托网络平台，产生了职业的旅游宣传人和平台，他们依托自媒体，对大众认知较少的地区进行视频式解读和推荐，在消费需求更加个性化、多样化条件下，塑造了无数的小众化的消费地点和场景，川西北高原的鱼子西、莫斯卡等无不是这一模式的催生物。从支撑深度旅游的视角看，交通区位劣势明显的地理空间，也可能有巨大的产出。

在自媒体条件下，网络流量成为重要的发展潜力指数，在有效的宣传与策划条件下，空间区位差的川西北传统聚落，可能拥有更好的旅游开发机会。例如，小金县玛嘉沟、金川县阿科里等正是类似的典型案例，因其交通区位条件差而被大多数忽略，在新媒体条件下，获得重生。

第五节 传统聚落保护的主要举措

一、地方现代乡贤回归

与内地传统聚落长期以来"士绅"主导的治理模式相比，川西北高原乡村在较长的时期内，由土司和头人进行治理，不同于内地自下而上的治理模式，川西北高原尤其是藏区传统聚落基于家庭血缘和宗族的治理特征不明显，对于种族和姓氏较多、规模较大的聚落而言，更加缺少内部聚合力。中华人民共和国成立后，宗族势力基本被清除，上述特征更加明显，川西北高原村落治理也采用了行政层级更加清晰、自上而下管控特征明显的"代理制"模式，乡村干部是上级政府的代理。在改革开放后，大量外出求学人员和外出打工人员，见过更多的社会世面，其对村落"两委"的能力认同大幅下降，"两委"领导权威受到极大挑战，在以经济发展为纲的价值观下，能够为村民带来实惠的经济收益的人，得到更多的认同，成为现代版的"经济能人"。

"经济能人"具备相应的德行和声望，能够被本地民众所尊重，其在乡村地区发展与治理中起到的作用与传统的"士绅"相类似，可称之为现代乡贤。从内地乡村数千年来的演化历程看，乡贤作为中国乡村的一种独特文化现象，在农耕文明时代，乡贤在乡村文化传承与发展、乡村社会稳定发展等各个领域中，始终拥有无可替代的作用。在乡村振兴背景下，一些成功的旅游型村落脱颖而出，现代乡贤功劳亦不可磨灭，例如，礼泉县袁家村支部书记郭占武、蒲江县明月村党支部副书记吴俊江等。这些带头人为乡村经济发展注入了新的活力，在乡村旅游经济快速发展的同时，始终高度关注历史风貌、地域化民俗文化的保护与传承问题，为传统聚落可持续发展提供了经验模板。

川西北藏区长期处于农奴制社会，虽然没有内地传统的乡绅文化。但是，近年来相关研究显示，从传统聚落走出来的私营业主、公务员、转业军人等现代能人同样关注家乡发展[①]，与内地现代乡贤并无明显差异，从人类学视角看，乡愁是任何民族共有的情感寄托。

现代乡贤大都拥有在乡村成长的经历，熟悉乡村的社会关系，有着相对更加丰富的社

---

① 春蓉. "离土新乡贤"治村：一个村治方式的探析［D］. 兰州：兰州大学，2020.

会资源、文化资源与开阔的视野，是联系乡村和城市的重要中介人。其丰富的人生阅历与本地人的身份，使得其在乡村发展与治理事务中，更容易取得信任。在光宗耀祖或人过留名的传统文化和价值认知影响下，现代乡贤具备回归的内生动力和奉献乡村发展的情怀。

近年来，现代乡贤主要以表5-4所述的人群为构成主体，他们或基于情感依赖与归宿，或基于事业的完美追求，在交通与信息高度网络化条件下，带着资本、技术和现代管理经验回归乡村，为乡村发展注入动力。此外，大量的"80后""90后"在乡村振兴政策的影响下，也从事现代农业及与农业相关的创业项目，虽然不能称之为乡贤，但能充分利用新技术带动和影响乡村发展，也是乡村振兴的重要力量。

现代乡贤构成主体及乡建条件　　　　　　　　　　　　表5-4

构成主体	出发点	有利条件
"上山下乡"主体	寄情山水，寻找理想的诗意栖居地	已经退休，有充足的时间进行乡建
"20世纪60年代"乡村出生的社会精英	深厚的怀旧和乡土情结	退休和即将退休，有较强的经济实力、知识技能和闲暇时间参与乡村建设与生活
向往乡村生活的现代匠人与艺人	具有明显的"艺术情怀"	凭借设计技艺，依托网络经济，进行田园牧歌式生产和生活

（资料来源：作者整理）

现代乡贤的回归并参与到传统聚落的保护及发展中，有力地解决了本地居民对外来人群带来的发展路径不信任问题，使得内生性信任危机和外生性路径缺失双重困境得以有效缓解。现代乡贤的回归迎合了千百年来乡村基于熟人关系进行社会生产的发展逻辑[①]，在川西北高原具有同样的内生基因。

现代乡贤和乡村精英往往具有更高层面的审美需求，对传统聚落保护与发展有着更加独到的见解和思路，能够起到良好的示范效应，是传统聚落保护与发展重要的源动力。

二、从"自鄙"到"自珍"

传统聚落具有空间分布广、规模大、私有特征明显等典型特征，不可能像各级建筑文

[①] 白现军，张长立. 乡贤群体参与现代乡村治理的政治逻辑与机制构建[J]. 南京社会科学，2016，(11)：82-87.

物等一样，完全由政府力量进行"博物馆"式保护。进行有效的宣传和自我认同，自下而上、自内而外地进行积极主动的保护是主要出路。传统聚落的保护主体是聚落的实际拥有者和使用者，作为一种人居空间，权属人的认知水平和行为模式决定了传统聚落演化趋势。

自五四新文化运动以来，我国对流传了数千年的传统文化主要持否定、批判的态度，对传统文化的片面认识，使得长期生活在乡村的人民形成了更加"自卑"的心理[①]。这种"自卑"的心态，使得民居所有权人在内心深处自发地认为自有的传统民居，除承载着片段的历史记忆和极少的情感依赖外，不具有任何价值。对于"无用之物"，不加留恋地舍弃，似乎再自然不过。因此，强化权属人及单位对民居、传统建筑的价值认同，培养积极主动、自我保护的"自珍"意识，是有效应对传统聚落自然消逝的根本出发点[②]，实现传统聚落可持续保护与再生的必由路径[③]。

长期的不合理宣传，使得"自鄙"心态根深蒂固，传统民居的价值重生以权属人"自珍"为基本前提，但从"自鄙"到"自珍"需要经历一个缓慢的转变过程。我国浙江、江苏等相对发达的东部省市乡村演化历程证实，在2000年左右，广义的历史建筑或传统民居的产权拥有者，尤其是不曾经历房屋建设历程或与房屋共生的青年人群，对"老房子"的感情依赖较少，或没有任何精神寄托，普遍认为其祖先遗留下来的"老房子"已丧失基本的居住功能，不能适应现代生活需求，拆除新建并不可惜，"自鄙"特征明显。

进入经济发达阶段，尤其是自2017年我国提出乡村振兴战略后，经过较长时间的宣传，村民才逐步认识到建立在宅基地之上"老房子"的价值，尤其是那些地理区位良好、自然环境优越、具备旅游开发的聚落，房屋主人可以以租赁或入股的方式获得实实在在的经济收益，对"老房子"逐步"自珍"起来。同时，伴随着全民经济收入的提高，对于那些"生于斯、长于斯"的部分乡村精英人士而言，乡土情结更加明显，也促成了对"老房子"的珍爱。

当前，在自媒体条件下，相应的互联网公司能根据个人终端的需求偏好实施相对精准的信息推送，为传统民居权属人了解其潜在的经济价值、开发模式等提供了信息平台，也有利于建立"自珍"的价值认同感。同时，通过学校、社会的积极宣传，为村民提供更加系统的传统聚落保护知识，提升其自觉保护意识，形成良好的保护氛围对于传统聚落保护

[①] 郑土有. "自鄙"、"自珍"与"自毁"——关于古村落文化遗产保护的思考[J]. 云南社会科学，2007（2）：135-137.
[②] 王韬. 村民主体认知视角下乡村聚落营建的策略与方法研究[D]. 杭州：浙江大学，2014.
[③] 张鹰，洪思雨. 传统聚落营造的社会行动机理及其运作系统建构[J]. 建筑学报，2016，572（5）：103-107.

也有非常积极的促进作用①。

三、社会精英关注与偏爱

受资源禀赋、交通区位等差异影响，非均衡发展是地区的普遍规律。对川西北高原而言，存在更加明显的非均衡发展特征，在农耕文明时代下，位于沟谷地带的传统聚落，由于土地资源相对丰富、对外交通条件更加优越，往往是先发地区，然后带动周边地区发展。在当前的生态文明时代，位于谷底的传统聚落在历史上生产力相对更高、造就了大量的历史遗迹和灿烂的地域文化。

在全域旅游发展背景下，位于河谷谷底及临近谷底的旅游型传统聚落具有明显的带动效应，例如，位于杂谷脑河流域的理县桃坪羌寨、大金川河流域的丹巴县甲居藏寨等在形成规模后，带动了周边地区的快速发展，形成了明显的旅游功能区。

上述典型案例的率先发展无不以社会精英人士的发现与宣传为基本前提，理县的桃坪羌寨即最好的实例。在21世纪初，自清华大学团队完成规划设计后，近二十年来，长期将桃坪羌寨作为大学生社会实践基地，学术研讨会也多次在桃坪羌寨举行，对提升桃坪羌寨的知名度有积极的意义。

因此，从加快地区发展速度的角度看，对于拥有良好的自然和人文环境、整体保护价值大、交通区位良好的传统聚落，政府与学界应给予更多的社会关注，率先形成地区发展极核，依托形成的口碑，带动周边地区发展。

从国内大量的文旅型传统聚落发展历程看，以高校教师、文化学者、文艺大师、企业主等典型代表的社会精英，对某一传统聚落的持续关注，为其发展出谋划策并利用自身影响，提高传统聚落的影响力，带来相应的资本、技术等发展要素，是新时期传统聚落重生的重要手段。

北京大学俞孔坚教授团队倾力打造的徽州西溪南村也是成功的典型案例。利用西溪南村闲置的粮库和小学，2015年创办了"土人学社"，开展国际化的乡村设计人才培训，近年来，吸引了美国哈佛大学、南加州大学、布法罗大学等多批建筑与景观设计专业的学生在此游学和进行设计课程，极大地提升了西溪南村的知名度，同时，通过专家研讨、学生参与、村民"围观"的方式，引爆当地文化的复兴。在上述活动中，政府官员被邀请参加规划设计课程的研讨，激发保护与利用当地遗产的热情。

---

① 陈兴贵. 传统村落振兴的关键问题及其应对策略[J]. 云南民族大学学报（哲学社会科学版），2021，38（3）：82-91.

学社还组织了故宫博物院院长及建筑界五位院士在内的名家学者在此开展学术报告和论坛，开展了旨在推动乡土建筑遗产保护的"重走刘敦桢古建之路"等一系列文化艺术活动，激活了沉睡和凋敝的遗产村落[①]。

通过表5-5所示的一系列社会活动，大幅提升了西溪南村的知名度，随后大量的民宿、文创资本进入，度假经济、文创经济等旅游经济快速发展，为聚落新生提供了保护与发展资金，在严格的风貌管控条件和积极的文化保护引导氛围下，西溪南村在保护与发展中实现了良好的平衡。

徽州西溪南村举办的社会活动　　　　　　　　　　表5-5

时间	事件	参加规模	主要内容
2015年6月	"名校联盟实战营"之美国布法罗大学国际设计课	20人	"土人学社"组织实施，建筑学习之外，中美大学生与当地孩子学习绘画等
2016年1月	送春联下乡活动	200人	故园徽州书画院的书法家们展开春联下乡活动
2016年1月	时空聚友会活动	30人	"土人学社"组织数十位黄山市文化艺术界人士举办以"大话收藏"为主题的文化交流活动
2016年2月	"梅韵清音赏春色"古琴会	20人	邀请资深古乐专家乔月现场抚琴演奏
2016年5月	长江商学院西溪南公益行	100人	中科院学者为西溪南中心学校学生讲授环保知识
2016年6月	"重走刘敦桢古建之路"徽州行暨第三届建筑师与文学艺术家交流会	150人	单霁翔及5位院士为"土人学社"西溪南挂牌，建筑、文化等学界对话
2016年8月	望山读书会	50人	黄山市作协、黄山市广播电台和望山生活共同主办，丰富乡村生活
2023年4月	爱尔兰Create One制片公司拍摄《我们的蓝色世界》	30人	俞孔坚与团队在西溪南的景观设计实践

（资料来源：基于近期宣传活动整理）

四、旅游开发收益转移机制

在一定的地域范围内，对于尚未开发的传统聚落，其综合价值往往差异较小，均具有较高的保护价值。但是，从先发地区改革开放以来40多年的发展历程看，无数综合保护价值更高的传统聚落均淹没在滚滚历史潮流之中，纵然随着经济发展水平的提升和文化保护理念的积极宣传，在乡村振兴政策影响下，下乡资本与部分传统聚落的结合，为传统民居

---

① 俞孔坚. "新上山下乡运动"与遗产村落保护及复兴——徽州西溪南村实践[J]. 中国科学院院刊，2017，32（7）：696-710.

权属人带来了一定的经济收益,延缓了物质空间的衰退。但是,极少数的聚落能在这场现代化历程中"独善其身",传统聚落所拥有的历史文化价值,需要政府相应政策、资金等积极介入。面对规模庞大的传统聚落,少量的保护资金决定了不可能进行全面保护,因此,对传统聚落进行区别对待更具有现实可行性。

  作者尝试建构一种新的保护模式供学界与业界参考,其核心要旨如下:基于传统聚落分区,在各传统聚落综合价值研判的基础上,对于交通区位差、综合价值高的传统聚落采取"免打扰"保护模式,即没有新型产业业态的植入。重点对综合价值次之、交通区位好的传统聚落进行旅游开发。通过合理的政策设计,管控和鼓励"免打扰"传统聚落延续既有的风貌和风俗,将旅游型传统聚落的开发收益以转移支付的方式反馈至"免打扰"的传统聚落,"免打扰"的传统聚落外围可以开发适度的小体量民宿,不影响聚落内部居民正常的生产与生活方式。这种保护与开发模式,能有效地防止旅游开发产生的过度商业化对传统聚落的不利影响,但存在较大的协调难度,在没有政府力量的干预下,仅通过村集体组织难以有效地协调与实施。

  这一保护模式的提出主要基于两方面因素的考量,第一,现有的旅游型保护模式几乎均存在过度商业化问题,传统聚落包含的部分内在价值消失,未起到陶冶情操、教化民众的职能,在旅游由观光游向度假游转变背景下,也难以适应高品质旅游人群的需求。第二,转移支付制度或补偿机制,在我国已有成功的实践经验,通过合理的制度设计,这一模式具有较强的可实施性。

  近年来,我国部分传统聚落在"免打扰"或旅游低冲击保护与开发路径上,正在进行少量的实践探索。以云南省红河州阿者科村为例,中山大学保继刚教授团队认为其核心旅游吸引物就是蘑菇房与梯田,因此,在旅游收入的分配上提出了"4321"的分红体系,即民居、梯田、乡规民约、户籍分别占分红的比重为40%、30%、20%和10%[①]。民居依旧为蘑菇房且未出租,居住在传统蘑菇房内的居民可以获得分红的40%,如果传统民居已出租,则在40%分红的基础上打五折;继续从事水田耕种的可以获得分红的30%,土地废耕或改为旱地半亩以上者,则不能获得梯田分红。通过有效的政策设计激励村民继续生活在既有的民居中,保持传统的生产方式,实现原真性的保护。此外,阿者科村发展拒绝外来社会资本的介入,由村集体和农户入股的方式组建村集体旅游公司,负责阿者科村的旅游开发与管理。这种开发模式本质上是一种低冲击型旅游开发模式,其制度设计之初即明确了其民宿或文创开发体量存在最大值,村民不可能全部把民居租赁出去,较好地鼓励了村

---

① 许扬,保继刚. "阿者科计划"对农户生计的影响分析——基于DFID可持续生计框架[J]. 热带地理,2022., 42（6）：67-877.

民居住在传统民居，最大限度地保证了生活方式不会发生急剧的转变。

阿者科模式是在传统聚落内部进行的小规模的转移支付，将一部分旅游开发收益转移给未直接参与旅游的当地村民，这部分人群只要继续延续既有的生产方式，即可获得额外的经济收益，具有内在的积极性。本书提出的转移支付制度，可实现最大范围的资金统筹，具有更强的地域适应性。

参考文献

[1] 中国大百科全书第三版[M]. 北京：中国大百科全书出版社，2021.

[2] 阿来. 大地的阶梯[M]. 成都：四川文艺出版社，2017.

[3] 柴宗新. 试论川西高原的形成[J]. 山地研究，1983（4）：22-30.

[4] 穆桂春. 若尔盖高原的自然概况与地貌发育[J]. 西南师范学院学报（自然科学版），1982（4）：42-46.

[5] 管子. 管子·水地[M]. 北京：华夏出版社，2000.

[6] 四川省地方志编纂委员会. 四川省志·地理志（下册）[M]. 成都：成都地图出版社，1996.

[7] 胡继华，曾皓. 川西高原立体气候资源开发利用的初步分析[J]. 中国农业气象，2003（1）：55-58.

[8] 赵万民，李云燕. 西南山地人居环境建设与防灾减灾的思考[J]. 新建筑，2008（4）：115-120.

[9] 段丽萍，郑万模，李明辉，邓国仕，杨桂花. 川西高原主要地质灾害特征及其影响因素浅析[J]. 沉积与特提斯地质，2005（4）：95-98.

[10] 中国科学院成都地质矿产研究所. 青藏高原及邻区地质图 1：1500000[M]. 北京：地质出版社，1988.

[11] 石硕. 藏彝走廊历史上的民族流动[J]. 民族研究，2014（1）：78-89，125.

[12] 脱脱. 宋史[M]. 北京：中华书局，1977年.

[13] 陈重为. 西康问题[M]. 上海中华书局，1930.

[14] 任乃强. 康藏史地大纲[M]. 拉萨：西藏藏文古籍出版社，2000.

[15] 吴丰培. 川藏游踪汇编[M]. 成都：四川民族出版社，1985.

[16] 张保见. 民国时期（1912~1949）川西北商业及城镇的发展与布局述论[J]. 湖北民族学院学报（哲学社会科学版），2011，29（3）：75-82.

[17] 马德隆等. 松潘县志[M]. 北京：民族出版社，1999.

[18] 周学红. 嘉陵江流域人居环境建设研究[D]. 重庆：重庆大学，2012.

[19] 陆中臣等. 流域地貌系统[M]. 大连：大连出版社，1991.

[20] 王铮，夏海斌，吴静等. 普通地理学[M]. 北京：科学出版社，2010.

[21] 张岳桥，杨农，孟晖. 岷江上游深切河谷及其对川西高原隆升的响应[J]. 成都理工大学学报（自然科学版），2005（4）：331-339.

[22] 杨勇. 长江上游及雅砻江徒步考察概况[J]. 四川环境，1992（3）：1-4.

[23] 李炳元. 横断山区地貌区划 [J]. 山地研究, 1989（1）: 13-20.

[24] 格勒. 古代藏族同化、融合西山诸羌与嘉戎藏族的形成 [J]. 西藏研究, 1988（2）: 22-30.

[25] C.A.Doxiadis Ekistics: 1968.An Introduction to the Science of Human Settlement [M]. A.Doxiadis Oxford University Press.

[26] 聂卫东. 甘南藏区聚落的空间分布及影响因素研究 [D]. 兰州: 兰州大学, 2019.

[27] 黄光宇. 山地城市学 [M]. 北京: 中国建筑工业出版社, 2002.

[28] 顾朝林, 甄峰, 张京祥. 集聚与扩散——城市空间结构新论 [M]. 南京: 东南大学出版社, 2000.

[29] 吴勇. 山地城镇空间结构演变研究 [D]. 重庆: 重庆大学, 2012.

[30] 李巍, 李得发, 冯斌. 郎木寺镇区乡土景观空间分异特征研究 [J]. 小城镇建设, 2013（2）.

[31] 崔翔. 甘南藏区传统聚落空间营建智慧及启示 [D]. 西安: 西安建筑科技大学, 2014.

[32] 李军环. 嘉绒藏族传统聚落的整体空间与形态特征 [J]. 城市建筑, 2011（10）: 36-39.

[33] 李军环, 谢娇. 川西嘉绒藏寨民居初探——以丹巴甲居藏寨为例 [J]. 建筑与文化, 2010（12）: 67-69.

[34] 蔡光洁. 甘孜州乡城传统藏式民居的艺术特点 [J]. 艺术探索, 2010, 24（4）: 39-41.

[35] 郝晓宇. 宗教文化影响下的乡城藏族聚落与民居建筑研究 [D]. 西安: 西安建筑科技大学, 2013.

[36] 阿绒甲措, 噶玛降村, 麦波. 藏族文化与康巴风情 [M]. 北京: 民族出版社, 2004.

[37] 卓玛. 住着神灵的白藏房 [N]. 甘孜日报（汉文）, 2006-2-15（003）.

[38] 王伟嘉. 不同地域山地聚落布局形态分析——以山西方山县张家塔与四川九寨沟为例 [D] 太原: 太原理工大学, 2016.

[39] 刘沛林. 中国传统聚落景观基因图谱的构建与应用研究 [D]. 北京: 北京大学, 2011: 12-37.

[40] 阿肯江·托呼提, 元国庆, 陈汉清. 新疆南疆地区传统土坯房屋震害及抗震技术措施 [J]. 工业建筑, 2018(21): 4.

[41] 陈一, 廖晨阳, 王倩娜, 等. 金色羌寨, 云上布瓦 [M]. 四川: 四川大学出版社, 2018: 120.

［42］王名舸，张歆悦. 川西羌族民居的建筑空间形态及其设计应用——以汶川县水磨镇"水磨坊"项目为例［J］. 绿色科技，2019（2）：14-30.

［43］成斌. 四川羌族民居现代建筑模式研究［D］. 西安：西安建筑科技大学，2015.

［44］陈依婷. 羌族民居室内环境设计研究［D］. 北京：北京服装学院，2017. 2.

［45］陈一，廖晨阳，王倩娜，等. 金色羌寨，云上布瓦［M］. 四川：四川大学出版社，2018：120.

［46］刘虹敏. 川西北传统羌族聚落景观研究［D］. 四川：西南交通大学，2016.

［47］李军环，王纯，靳亦冰. 事件空间视角下的民居演化研究——以嘉绒藏族传统民居为例［J］. 新建筑，2022（3）：151-155.

［48］郑雪. 嘉绒藏族碉房民居谱系研究［D］. 绵阳：西南科技大学，2022.

［49］王祯. 川西北地区嘉绒藏族河谷地带传统村落空间形态研究［D］. 广州：华南理工大学.

［50］韩咏芳. 嘉绒藏族地区村落型宗教建筑遗产价值评估与保护研究［D］. 绵阳：西南科技大学，2023.

［51］李军环，王纯，靳亦冰. 事件空间视角下的民居演化研究——以嘉绒藏族传统民居为例［J］. 新建筑，2022（3）：151-155.

［52］皇甫苗华. 河谷型嘉绒藏族传统村落公共空间特征与形成机制研究［D］. 重庆：重庆大学，2023.

［53］王祯. 川西北地区嘉绒藏族河谷地带传统村落空间形态研究［D］. 广州：华南理工大学，2023.

［54］苏悦佳，焦子芮. 浅谈四川阿坝嘉绒藏族民居的空间与行为［J］. 建材与装饰，2019（9）：63-64.

［55］周详. 论社会结构与丹巴嘉绒藏寨的聚落形态［C］//中国风景园林学会. 中国风景园林学会2013年会论文集（上册）. 中国建筑工业出版社，2013：4.

［56］多尔吉. 嘉绒藏族的房名及其文化探析［J］. 中国藏学，2023（2）：109-115，217-218.

［57］佴明成. 地域基因视角下丹巴嘉绒藏族民居研究［D］. 成都：西南交通大学，2022.

［58］王竹，王韬. 主体认知与乡村聚落的地域性表达［J］. 西部人居环境学刊，2014，29（3）：8-13.

［59］杨贵庆. 有村之用：传统村落空间布局图底关系的哲学思考［J］. 同济大学学报（社会科学版），2020，31（3）：60-68.

[60] 罗康智. 中国传统村落的基本属性及当代价值研究[J]. 原生态民族文化学刊, 2017, 9（3）: 76-81.

[61] 屠李, 赵鹏军, 张超荣. 试论传统村落保护的理论基础[J]. 城市发展研究, 2016, 23（10）: 118-124.

[62] 王小明. 传统村落价值认定与整体性保护的实践和思考[J]. 西南民族大学学报（人文社会科学版）, 2013, 34（2）: 156-160.

[63] 汤移平. 基于遗产价值认知的传统村落保护规划研究——以钓源村为例[J]. 农业考古, 2021, 175（3）: 263-271.

[64] 柯颖翔. 历史文化街区商业化对游客行为意愿的影响研究——以鼓浪屿为例[D]. 厦门: 厦门大学, 2021.

[65] 夏雪莹. 旅游商业化背景下历史文化街区地方建构研究——以南京夫子庙为例[D]. 南京: 南京大学, 2020.

[66] 钟思琪. 南京夫子庙历史文化街区旅游商业化研究[D]. 南京: 南京大学, 2017.

[67] 李智莉. 历史文化街区旅游商业化对旅游者推荐意愿的影响研究[D]. 泉州: 华侨大学, 2022.

[68] 陈晨, 陈志钢. 旅游者商业化符号感知与体验真实性研究——以西安回民街为例[J]. 浙江大学学报（理学版）, 2021, 48（2）: 249-260.

[69] 吕本勋. 历史古街区旅游商业化现象可持续发展动力协调研究——以阳朔西街酒吧为例[J]. 广西经济管理干部学院学报, 2014, 26（2）: 80-85.

[70] 熊礼明, 李映辉. 古镇旅游商业化探讨——以凤凰古镇为例[J]. 资源开发与市场, 2012, 28（3）: 285-288.

[71] 徐静. 周庄古镇旅游商业类型、布局与规模研究[D]. 芜湖: 安徽师范大学, 2013.

[72] 郑艳芬, 王华. 历史城镇旅游商业化的创造性破坏模型——以乌镇为例[J]. 旅游学刊, 2019, 34（7）: 124-136.

[73] 唐璐, 张全晓, 张忠训. 西江千户苗寨旅游商业化发展的演进与反思[J]. 科技和产业, 2019, 19（12）: 28-33, 68.

[74] 孙九霞, 史甜甜. 旅游商业化的社区治理研究——以新疆喀纳斯社区为例[J]. 中南民族大学学报（人文社会科学版）, 2012, 32（3）: 47-52.

[75] 梁坤, 罗爽. 布达拉宫旅游商业化的社区治理研究——基于权力与利益的视角[J]. 世界地理研究, 2019, 28（5）: 191-199.

[76] 刘爱利, 涂琼华, 刘敏等. 宗教型遗产地旅游商业化的演化过程及机制——以嵩山少林寺为例[J]. 地理研究, 2015, 34（9）: 1781-1794.

［77］黄锋，保继刚. 旅游商业化"家空间"的代际权力关系与领域构建——西双版纳傣族园案例［J］. 地理科学进展，2022，41（5）：867-879.

［78］李志飞，赵佳玮. 历史城镇旅游商业化：一个中外比较研究［J］. 武汉商学院学报，2020，34（6）：5-11.

［79］吴必虎. 基于乡村旅游的传统村落保护与活化［J］. 社会科学家，2016，226（2）：7-9.

［80］章牧. 非物质文化遗产活化研究——基于文旅融合的视角［J］. 社会科学家，2021，（6）：15-20.

［81］春蓉. "离土新乡贤"治村：一个村治方式的探析［D］. 兰州：兰州大学，2020.

［82］白现军，张长立. 乡贤群体参与现代乡村治理的政治逻辑与机制构建［J］. 南京社会科学，2016，（11）：82-87.

［83］郑土有. "自鄙"、"自珍"与"自毁"——关于古村落文化遗产保护的思考［J］. 云南社会科学，2007（2）：135-137.

［84］王韬. 村民主体认知视角下乡村聚落营建的策略与方法研究［D］. 杭州：浙江大学，2014.

［85］张鹰，洪思雨. 传统聚落营造的社会行动机理及其运作系统建构［J］. 建筑学报，2016，572（5）：103-107.

［86］陈兴贵. 传统村落振兴的关键问题及其应对策略［J］. 云南民族大学学报（哲学社会科学版），2021，38（3）：82-91.

［87］俞孔坚. "新上山下乡运动"与遗产村落保护及复兴——徽州西溪南村实践［J］. 中国科学院院刊，2017，32（7）：696-710.

［88］许扬，保继刚. "阿者科计划"对农户生计的影响分析——基于DFID可持续生计框架［J］. 热带地理，2022．，42（6）：67-877.

后记

对川西北高原传统聚居的研究，是各种机缘的片段叠加。

早在2009年，获得国家自然科学基金青年项目"汶川地震灾区城镇安居环境重建追踪评价研究"的资助，对包括阿坝藏族羌族自治州的受灾地区开展了灾后重建的调查研究工作。这项工作的成果本来计划于2018年出版《汶川地震灾后重建十年追踪》一书，结果因为种种原因最终未能付梓。

2019年，受同济大学规划设计研究院委托，在他们的课题"川西北生态示范区国土空间规划（2021-2035年）"中承担"川西北生态示范区自然与城乡空间景观风貌研究"的专题。这是一次针对更大区域的基础性研究。在研究过程中，我团队的研究生李绪刚和李渊进行了拓展，分别从流域人居环境和城镇空间拓展的角度，完成了他们相关选题的毕业论文写作，并进行论文成果发表。这其中较多地涉及川西北高原传统聚居空间形态的内容。

2022年，甘孜藏族自治州乡城县住建局委托我们与清华大学团队共同编制《乡城县仲德村与木差村传统村落保护与建设规划》，利用这一机会，进一步对地区传统村落从集中连片保护利用的角度进行了较为系统探讨。

每年不间断地到西南民族大学参与硕士生开题、中期以及答辩等环节的培养和学术交流，得到很多学习的机会。在一些项目和学术论文咨询的过程中也收获颇多，始终保持了对川西北高原传统聚居研究的兴趣。傅红与陈一这两位老师，也对川西北高原传统聚居有共同的领域和兴趣，从而形成合作。

书籍写作的过程中，通过整理前期的研究基础成果，不断深入理解而有新的认识，最终确定从多尺度空间层次的角度分层论述，抓住各层之特色，兼顾相互之间的关联性。对于书中宏观区域层面的聚居空间格局、城乡结构层面的聚落空间形态形成归纳提炼，特别是结合微观形象的传统聚落空间风貌特色，选取典型案例剖析，挖掘可感的川西北高原传统聚落营造特色，更能够直观地展示出其风貌特征。最后，在面临民族地区现代化发展和乡村振兴背景下，经过辨证思考，又总结形成"川西北传统聚落的保护与发展"一章，针对川西北高原传统聚落的未来简要地提出了一些初步思路。

川西北高原广袤而深邃，对传统聚居结构与形态的研究，整个写作团队所做的都还非常有限，研究深度远远不够，书中仍留下不少未能穷尽的遗憾。希望对我国西南山地人居环境建设的研究有所裨益，我们就会感到些许欣慰！同时，希望本书能够吸引更多的学者加入到探索的队伍当中，共同推进西南地区民族文化和传统聚落的保护传承工作！